LUISA

1949 doğumlu, kızıyla birlik
ve yazar. Margarethe von Tr
İkinci Uyanışı (Das Zweite Erwachen der Christa Klages) ve *Kız Kardeşler* (Schwestern) adlı senaryoları yazdı. Daha sonra kendi filmlerini yaptı *(Hexen, Die Anstalt, Nur in der Fremde ist der Fremde fremd, Alles Möglich). Fischmaul* ve *Salome* adlı oyunları kaleme aldı. Çeşitli antoloji ve dergilerde şiirleri yayımlandı.

Yayımlanmış kitapları: *Berühre Wega* (1982), *Kalypso* (1984), *Mond, Tanz, Magie* (1986), *Drachenzeit* (1988) ve *Zaubergarn* (1989) Frauenoffensiv Yayınları, Zürih; *Hexentarot* (1981) ve *Der Afrikanische Traum* (1985) Stechapfel Yayınları, Zürih; *Ich machte mich auf die Findung* (1988) Piepers Medienexperimente Yayınları, Lörrach.

Ayrıntı: 103
Dizi dışı kitaplar: 8

Kadınlar İçin
Çuvallama Kılavuzu
13 Öneri
Luisa Francia

Almancadan çeviren
İlknur İgan

Yayıma hazırlayan
Zeynep Atayman

Kitabın özgün adı
Spielend Scheitern
Leidfaden Für Frauen
Mit 13 Tips Zum Mißerfolg

Verlag Frauenoffensive/1990
basımından çevrilmiştir.

Kapak düzeni
Arslan Kahraman

Basıma hazırlık
Renk Basımevi (0 212) 516 94 15

Baskı ve cilt
Mart Matbaacılık Ltd. Şti. (0 212) 212 03 40

Birinci Basım
Ekim 1994

ISBN 975-539-078-2

AYRINTI YAYINLARI
Piyer Loti Cad. 17/2 34400 Çemberlitaş-İstanbul Tel: (0 212) 518 76 19 Fax: (0 212) 516 45 77

Luisa Francia

Kadınlar İçin

ÇUVALLAMA KILAVUZU

13 Öneri

AYRINTI

DİZİ DIŞI KİTAPLAR

GÖĞÜ DELEN ADAM
"Papalagi"
(3. Basım)

KAVUNLU NATÜRMORT
Ahmet Sipahioğlu

HAYIR!
"Aforizmalar"
Stanislaw J. Lec
(2. Basım)

DÜNYANIN İLK İNSANLARI
HANSEL VE GRETEL'Dİ
Niels Vogel

GÖĞÜ DELEN ADAM
SAMOA'YI ANLATIYOR
Erich Scheurmann

OZMOS KRONOS
Adam Şenel

MUTSUZLUK KILAVUZU
Paul Watzlawick
(2. Basım)

KADINLAR İÇİN
ÇUVALLAMA KILAVUZU
13 ÖNERİ
Luisa Francia

Bu kitap kedim Tiga'ya adanmıştır. Gerçi okuma yazması yoktur, ama hiçbir zaman suçluluk duygusuna kapılmaz, iş yaparken bana yardım etmez, canı istediği gibi gelir, gider ve ben iki ayağım bir pabuçta eve ve kızıma bakarken o mırlayarak güneşlenir.

Aslında onun duyguları olduğu duygusuna kapıldığım duygusunu asla taşımaz...

Ondan çok şey öğreniyorum.

içindekiler

oyun

Seçtiğin bir renkle başla. Taşını sıfıra koy. Aşağıdaki şıklardan birini seç:

I. Tereddüt etmek.

II. Beklemek.

III. A'den B'ye düz bir hat

IV. Dans etmek

V. Hareketsiz kalmak.

önsöz

Herhalde, hâlâ öyle çok özel, olağanüstü biri, evet, hatta dahi olduklan inancına inatla sarılan kadınlar var. Bu kadınlar, çıldırmış birkaç kadının hırslı saldırılarından güç ve iktidarlarını koruyabilmek için erkeklerin etraflarına çektikleri duvarı delebileceklerini sanmaktadırlar. Bunlar aslında olanaksızın üstesinden gelmeyi istemektedirler; hiçbir şeyin kendilerini hedeften şaşırtmasına izin vermezler, öfkeli, dediğim dedik, gözlerini kin bürümüş, ihtiraslı, kaba güç ve şiddet kullanmaya yatkın kimselerdir; kısacası, erkeklerin "erkeksi" diye tanımlamaktan hoşlandıkları bütün özellikleri paylaşırlar. Bunların yanı sıra, ne öyle gözü dönmüş, ne de yüreği katılaşıp taşlaşmış (gariban gariban oturmuş, erkeklerin kendisini fark etmelerini beklemek yerine) delice bir hazla, kendi bildiğince ve kendi gücüne dayanarak, küstah ve erkekleri takmayan bir tavırla ağaçkakan gibi didinip duran kadınlar vardır. Bütün bu kadınların tek bir hedefi bulunmaktadır: Kafa üstü yere çakılmamak. Rollerinden hoşnut değillerdir. Hayattan, oyunun kurallarının izin verdiğinden daha fazlasını isterler. İşte bu kitap bütün bu kadınlar için düşünülüp kaleme alındı. Kitap bize, biz kadınların her halükarda üstesinden gelemediğimiz 13 sorunu birer ağırlık noktası olarak sunuyor. Gerçi aynı anda bu sorunların tümünden birden başarısız not almamız söz konusu olmasa bile, aslında birinden bile çakmamız yetmez mi?

Kadınları destekle, işe kendinden başla! bir İngiliz kadın arkadaşımın sloganı bu. İyi de bütün kadınlar işe kendilerinden başlamaya kalkışacak olsalardı halimiz ne olurdu acaba? Başkalarına dönük sosyal faaliyetlere eyvallah, ama iş kendi iktidarını kurmaya gelince etme eyleme, değil mi? Kendi hazlarımızla, aybaşılarımızla, kendi duygularımızla, orgazmımızla ve kendi acılarımızla uğraşıp durmamızın apolitik bir tavır olduğunu erkeklerden ne çok dinledik! Yani daha da mı söylesinler adamcağızlar! Üstelik hâlâ kafa bulandırıp duran kadınlar var: Neymiş, erkeklerin böyle konuşmalarının sebebi, bizzat kendilerinin taş gibi duygusuz olmalarıymış.

Bizim ödünsüz tutarlılığımızdan, köklü duygularımızdan, altan alta kendini ele veren uzlaşmaz tavrımızdan ödleri patladığı için söylüyorlarmış bunları.

Güçlü, sağlam bir babanın ve / ya da birkaç erkek kardeşin ve / ya da bir abinin bulunduğu bir ailede büyüyüp yetiştiysen, aslında bundan sonrasını okumasan da olur. Bütün bunlar senin için çocuk oyuncağı sayılır; dolayısıyla da, büyük bir olasılıkla erkeklerin ayrıcalıklı hegemonik konumlarını ve bizden yüksek zekâları ile becerilerini sorgulayıp, bunların doğruluğundan kuşku duymayı da aklına pek getirmeyeceksin. Salak, aptal, kötü erkekleri eleştirecek, ama erkeklik ilkesinden, erkeklerin belli amaç ve hedeflere sımsıkı sarıldıklarından, açık-seçik, mantıklı düşünebildiklerinden, kafalarına koyduklarını dümdüz giderek gerçekleştirdiklerinden hiç mi hiç kuşku duymayacaksın. Ortada (kadına göre) daha ileri bir durum bulunmasını, tıpkı klasik bir motordan roket motoruna geçişi olağan bulduğun gibi olağan karşılamayacaksın. Benim varsayımım bu. Baba, ailenin zorunlu merkezi, reisi, koca reisi, başıdır. Hani esas vasıfları böyle yukarılarda değil de asıl bedeninin alt yarısında yer etmiş olsa bile; kim kalkıp da, baba ailenin başıdır demek yerine, baba ailenin çüküdür ya da ailenin kıçıdır der ki?

Anlayacağın, daha yüksek düzeylerdeki insan saflarına katılman için gerekli genetik kimlikten yoksunsan ve dünyaya kadın olarak gelmişsen -bir dakika, işin aslına bakılacak olursa sen dünyaya ne erkek ne de kadın olarak geldin, çünkü malum olduğu üzere, ancak bir erkek senin kızlık zarını yırtarak seni kadına dönüştürebilir - zeytinyağı gibi her şeyin üstüne çıkan şu özgürlüğüne kavuşmuş kadınların gerçekte âdet görmenin seni kadın yaptığına, kadın olmanın bir kromozom meselesi olduğuna; erkek kromozomu olan Y-Kromozomunda bir şeylerin eksik olduğuna seni inandırmalarına meydan verme; al işte önünde bir eksiğin vardı; şimdi bu saptamayı yaparak onu da gidermiş oldular!

O halde dişi bir insan olarak doğduysan, bizdeki gibi erkeklerin yönetimindeki ailelerde ve toplumlarda bir güzel kıçının üstüne oturursun. Hemen olmaz bu elbette. Küçükken, tatlı, sevimli ve hayranlık uyandıracak biriysen, uzun bir süre babacığının cici kızı olabilirsin. Babanın ilgisini kendi üzerinde toplamaya çalışabilirsin; o da zaten anneni zamanla can sıkıcı bulacağından, ya annenin yerini dolduran entelektüel bir yedek olursun; ya da babana bir zamanlarki anneni fazlasıyla anımsatıyorsan ve dişi nüfusunu oluşturanların yüzde altmışı içine dahilsen, ya baban ya da bir başka yakın erkek akraban, gerek bedeninin gerekse de cinselliğinin, erkekleri tatmin etmek ve onları kendi bildikleri biçimde mutlu kılmak için var olduğunu çok geçmeden sana öğreteceklerdir! Annen, kızları bu tür yakınlarınca kötüye kullanılan çoğu kız annesi gibiyse, çenesini tutacak, sana arka çıkmak şöyle dursun, sayende kendi yükü hafiflediği için bir bakıma memnun bile olacaktır. Ya da bu kadar olmasa bile, babanın dişlerini dökecek cesareti kendinde bulamayıp olup biteni bir güzel sineye çekecektir. Öyle ya da böyle, bütün bu davranışlarıyla, kadınların çaresiz olduklarını ve hiçbir şansları bulunmadığını öğretecek, gerek babalarının, gerek erkek kardeşlerinin gerekse amcalarının saldırganlaşmamaları, ve onlarla birlikte güzel güzel yaşayabilmek için, dişilerin onları tahrik etmeden işlevlerini yerine getirmenin bir yolunu bulmaları gerektiği duygusunu aktaracaktır sana. Erkek kardeşlerin varsa, başlangıçta belki de o kadar çok bastırılması gereken olay yaşamayacaksın. Onlarla birlikte ağaçlara tırmanacak, oynayacak ve en fazla, ara sıra erkek kardeşlerinin arkadaşları çıkageldiğinde yerinin onların arasında neresi olduğunu bilemeyip biraz şaşıracaksın. Aslında oğlanlara birazcık hizmet etmek için aralarında bulunduğunu zamanla anlayacaksın; çünkü erkeklerin iki tane sol eli vardır; onlar bir şey beceremezler; annen de iki de birde, "senle ben zaten bir çırpıda bitiriveririz" der durur. Arada sırada karşısına çıkmış çıkacak bütün erkeklerden yakınacaktır, ama ne kaçıp gitmek ne de herhangi bir şeyi değiştirmek yolunda girişimde bulunduğundan, bütün bunların şu "normal hayat" dedikleri şey olduğu izlenimini edineceksin. Eh daha annen kılını kıpırdatamazken, sen kim oluyorsun da normal bir hayatın dışına kaçacaksın?

Gelgelelim yaşamda, o güçlü, sağlam babası olan kadının, erkek kardeşleri olan kadının ve tamamen bambaşka biri olan, vahşi ve özgür yetişmiş ve kafasına estiği gibi davranan kadının (ne sandın, böyleleri de var elbette) buluştukları bir uğrak muhakkak olacaktır. Feminist ve keskin dilli bir avukat olan Bonn'lu doktor Barbelies

Wiegmann bu buluşma noktasını şöyle tanımlıyor: İşin püf noktası, çocukların ortaya çıktığı andır; o noktada artık kadının hangi öğrenimi görmüş olduğu, neler öğrenmiş olduğu, elde etmiş olduğu kazanımlar hiç önemli değildir. Kadın hapı yutmuş demektir.

Beni izleyebiliyor musun? Haddini bilmeyecek duruma gelmemenin, kafanı saçma sapan şeylerle doldurmamanın, yükseklerden uçmak istememenin ve fazla hırslı olmamanın (akılları fikirleri kariyerlerine kariyer katmak olan bütün o hırslı kadınların ne kadar öfkeli ve acımasız göründüklerine bir bakıver. Güç ve yetki kadınları olduklarından daha fazla güzelleştirmiyor öyle değil mi? Yoksa farklı mı düşünüyorsun?) en iyi yolu, evet, son iki bin yılın karar mekanizmalarının kadınlar için belirledikleri yerde kalabilmenin en iyi yolu, şunlardır:

- Güçlü, sağlam bir baban vardır ve annen ayda en az bir kez (doğru tahmin ettin: aybaşısı tutunca) temizlik krizine tutulup isterik belirtiler göstermektedir.
- Bir ya da birden fazla erkek kardeşin vardır.
- Başarılı bir erkekle evlenirsin.
- Ve bütün bu hataları hâlâ gideremiyorsan, işin can alıcı noktasına her halükarda ulaşmaktan kurtulamayacaksın demektir:

Bir çocuğun olur ve onu sevgi dolu bir aile ortamı içinde yetiştirmeyi hayal edersin.

Unutma: bu ülkede ahenk insanın kendisini feda etmesine kadar varan bir uyumla sağlanır. Unutma: Çocukların ahenge ihtiyaçları vardır. Unutma: (senden başka kim) bu ahenkli ilişkilere uyum sağlayacaktır ki?

Teyzelerimden, evlenmiş olan birkaçı, hep şöyle derlerdi: Akıllı kadın geri plandan yönetir. Erkeği avucunda tutar ama erkek bunu fark edemez. Çünkü: Kurnaz kadın ipleri elinde tuttuğunu erkeğe hissettirmez. Teyzemin kocası atom fizikçisiydi. Ben teyzemin elinde tuttuğu iplerin, adamın çalıştığı Garching'teki atom santralına kadar uzandığını sanmıyorum. Neyse konumuzdan fazla sapmaya niyetim yok. Dünyayı değiştirme özlemine kapılırsan, günlük gazetelerden birine el atıver. Çünkü, bu gazetelerde dünyanın canına kimlerin okuduğu yazmaz, ama onu artık kimlerin kurtaracağı bellidir: erkeklerin. Dünyayı kurtarma kongrelerinin, manevi, ulvi değerlerden geçilmeyen toplantıların programlarına bir göz at; biraz da şaşırarak göreceksin ki, erkekler dünyayı kurtarmaktan da öteye, aynı zamanda kadınlar hakkında, kadınların kendileri hakkında bildiklerinden daha fazlasını bilmektedirler. Bir kadının ne olduğunu, saat gibi nasıl ayarlanıp işlediğini, nelere ihtiyacı olduğunu, ve genleri kurcalayıp yönlendirmek de dahil olmak üzere, daha iyi olabilmesi için nelerin yapılabileceğini hiç tereddütsüz söylerlerken, sen kadın hareketinin kulislerinde kadınsı özelliklerin neler olduğu, kadının bu özelliklerle neler yapabileceği ve kimseyi kızdırmadan işleri nasıl yürütebileceği konusunda bitmek bilmeyen, içinden çıkılmaz öğütler dinleyip duracaksın.

Peki tamam.

Canını sıkmak istemiyorum. Her sabah kahvaltıda gazete okurken safran kabarıyorsa, ve Allah kahretsin, kadınların artık kendi paylarına düşeni, dolayısıyla da sorumluluklarını yüklenmelerinin tam zamanıdır diyorsan; günde üç kez, erkeklerin kendi yol açtıkları tahribata ve yaptıklarını örtbas etmek ve üstünü cilalamak için gösterdikleri o profesyonelce hıza, göz boyamak için kıyısından köşesinden tutup düzelttikleri bir iki şeye bakıp da, bilinçlerini yitirip kaskatı kesilmelerini günde üç kez diliyorsan; derin bir soluk al, sürekli koşarak ya da birkaç gün aç kalarak bedeninden bünyene uygun dozda uyuşturucu üretmesini ve sakin olmasını rica et. Zaten bunu yapmasan da herkesin, sakinleşirsen daha iyi olacağını söylediğini duyacaksın. Çünkü çok geçmeden, hastaneye havale edilmeden yapamayacak duruma gelirsin. Sana isterikleştiğini söyleyecekler, eskiden çok daha neşeli ve dengeli olduğunu, küstah, terbiyesiz biri olup çıktığını, objektif ve gerçekçi davranamadığını, anında tepenin attığını, karmaşık bir tartışmayı izleyebilecek durumda olmadığını ve oldum olası yanlış olan şeyi, yanlış ve uygunsuz zamanda ortaya attığını, ve bunun gibi suçlamaları getireceklerdir. Ne demek istediğimi anlıyorsun.

Elbette bir uyum sağlama terapisine de katılabilirsin. Kafana bir kurşun sıkma çaresinden sonraki en iyi yol budur. Seni toplumsal koşullara uyum sağlayacak duruma getirmelerine olanak tanı. Topluma duyduğun antipatiyi gidermeye, sana kendi sınırlarını göstermeye, çocukluğunu aydınlatmaya ve nihayet, herkesle ve her şeyle barışmana elverişli bir terapi biçimi seç.

Bir ailen varsa en iyisi terapiye sabahları git, o zaman hiç olmazsa terapiden sonra biraz ağlamak istersen ve iyice boka batmış olduğun duygusuna kapılırsan, seni ne okuldan dönen çocuklar ne de kocan rahatsız edebilir. Öğle yemeğinden sonra rehavet basar ve zaten bundan sonra her şeyi farklı görürsün. Çünkü zaten dürüst olmak gerekirse, senin kocan diğer kocalardan daha kötü değildir, aksine iyi bile sayılır. Eh, bazı hataları vardır muhakkak. O kadar da dar görüşlü olma; herkesin hatası vardır. Peki de, ya senin umutların, içinde yanıp duran o adı konmamış özlem ne olacak? Ergenlik düşlerin? Zaten hiçbir zaman ünlü bir ressam ya da yazar olamayacaktın. Zaten herkes en yükseklere çıkamaz ki. Ama... hayır, hayır, böyle düşünmek anlamsız. Kendine yarım gün çalışabileceğin anlamlı bir iş ara. Politikaya da atılabilirsin; çünkü birlikte mücadele ettiğin kişileri desteklemek için büyük performans gösterebilirsin. Yeter ki fazla hırslı olma. Petra Kelly'nin sonunu düşün, Jutta Ditfurth'u nasıl yerden yere vurduklarını aklına getir. Bunlar sana göre şeyler değil. Senin asıl gücün diğerlerini geri plandan desteklemek, tuhaf, sekter öneriler yapmamak ya da tüm yapıyı sorgulamaya kalkışmamakla kendini gösterecektir. Kalkıştığın anda -sen de bilirsin- karşındakiler ister yeşiller, ister solcular, isterse de yoldaşlar olsun, evet, kim olursa olsun haklı olarak, iş ciddileşir. Çünkü, kadınlar dünyayı kendi anlayışlarına, kendi görüşlerine göre değiştirmeye başlarlarsa taş taş üstünde kalmaz ve yine vahşet ve çılgınlık her yana yayılmaya başlar.

O halde bu kitabı bu nedenle oku ve içindeki bu huzursuzluğun nasıl giderileceğini, iç barışını yeniden nasıl sağlayabileceğini öğren. Bunun birkaç basit yolu var, öyle olağanüstü bir şey değil. Her kadın bunları bilir ve bir diğerine öğretir. Bu yüzden işlevlerini kusursuz yerine getirir bu teknikler. Eğer sana iyi bir akıl vermeme karşı çıkmazsan... bu hayatta kalma teknikleri çoğunlukla sohbet halinde bir bir ortaya konacaklardır.

Yani: Eğer sana küçük bir öğüt vermem gerekirse oku, yut, sakin ol ve düşün ki, sen sadece tek bir kişisin ve hiçbir şeyi düzeltemezsin. Ve asla Japonların asilleştirdiği, çok eski bir Çin oyunu olan go'yu* oynama. Çünkü bu oyunda kendi iç gücüne dayanarak etki alanını genişletmeyi ve hayatta kalmak ve yeni alanlar kazanmak için sürekli bir güçle temasta kalmayı öğrenirsin. Bunu başaran kadınlarla sık sık bir araya gelme. İyisi mi sıkıntı içindeki kadınlarla dayanışma göster. Zavallı, çaresiz kadınlar iyidir; mutlu ve neşeli kadınlarsa tabudur, böyleleri sadece hoşnutsuzluk verir. Hem sen her zaman, gündelik yaşam için bir erkek bulundurmadığı / gereksinim duymadığı açık olan böyle kadınlarla düşüp kalkarsan, bu mutlaka kocanın da hoşuna gitmeyecektir. Onu kızdırma. Oraya buraya bağışta bulun. Elbette kadınevlerine de bağış yapabilirsin, ama kendini bu yöne fazla kaptırma, çünkü bu senin erkeklere ilişkin genel imajını bulandırır ve genelde erkeklere, özel durumlarda da penise karşı denetimsiz saldırganlık atakları geliştirmene yol açar.

Böyle bir şey sana ne kazandıracaktır ki?

Bu dünyayı erkeklerin zaten kurtaracağından kuşku duyma, yoksa içindeki çığırından çıkmış ev kadınının isteklerine boyun eğmeye başlarsın. O halde şimdi uyumluluğu bozma tehlikesine düştüğün noktaları gözden geçirelim. Bunları iyi tanırsan gereken tepkiyi de gösterebilirsin.

* Bir oyun tahtası ve taşlarla oynanır. Çizgilerin kesiştiği noktalar üzerinde taşlarla bir zincir oluşturularak rakibin taşlarının önü kesilmeye çalışılır.

posta kutumdan

Sevgili Luisa Francia,

... Nihayet size yazma cesaretini gösterebiliyorum. Beş yıl önce kocam beni terk etti. Artık yaşamak istemiyordum. Ama o sırada Dietmar'a rastladım. Önceleri her şey iyi gitti, fakat sonra beni dövmeye başladı. Çok fazla canımı yaktığı halde ona kızamıyordum. Çok zor bir çocukluk geçirmişti. Daha yedi yaşındayken annesi için alışverişleri yapmak ve hatta zaman zaman öğlen masayı toplamak zorunda kalmıştı. Annesinin kumandası altında sürekli ordan oraya savrulmuş ve en küçük fırsatta kız kardeşlerinin alaylarına hedef olmuştu. Böylece, şimdi nihayet bende boşaltabildiği bir saldırganlık potansiyeli depolamıştı. Ona nasıl yardım edebilirim?

Yanıt: Hiçbir şekilde, o zaten kendi başının çaresine bakıyor. Ona sağlam bir halı dövme sopası hediye edin.

....Kocam Heinz'ın bir arkadaşı iş yerinde yapılan danslı bir eğlenceden sonra bana tecavüz etti. Kocam tek bir sözüme bile inanmadı ve Gerhard'ın tarafını tuttu. Hatta Gerhard'ı benim baştan çıkarttığımı ve pis bir orospu olduğumu iddia etti. Üstüm başım yırtılmış her tarafım çürük içinde ona sığındığımda bana bir tane patlatıp haykırdı: Ne yüzle karşıma çıkıyorsun kaltak. Ne yapacağımı bilemiyorum.

Yanıt: Yapılacak tek şey var. Kocanıza sıkı bir uyarıda bulunun, kadınlara yardım bürosuna başvurun ve bir Wen-Do kursuna yazılın.

....Kocamla çok mutluydum, gerçekten. Hiçbir zaman kavga etmezdik, otuz yıldan uzun bir süre tek bir gün, tek bir gece bile ayrı kalmadık. Biliyor musunuz, zaten kocam bensiz hayatta kalmayı başaramazdı. İki yumurta kırmayı bile beceremezdi. Kocam iki yıl önce aniden öldü ve bir düşünün: her gece kocamı çok aramama rağmen tuhaf bir şey fark ettim. 30 yıldan beri çok ağır biçimde çektiğim migren ağrıları kocam öldükten sonra sanki uçup gitmişti. Buna ne dersiniz?

Yanıt: Yürekten başsağlığı dilerim!

....Erkekleri hep dışlamanızı doğru bulmuyorum. İnsanlığı kadınlar ve erkekler birlikte oluşturur nihayetinde.

Yanıt: Bunu erkeklere anlatsanıza!

....Neredeyse tükenmek üzereydim ki, sufîleri buldum. Yılda bir kez onlarla meditasyona gidiyorum ve hocaları gerçekten harika. Bana ruh huzurumu geri verdi. Onun yaydığı ışıkla bir tapınak kuruyoruz.

Yanıt: Peki tamamen tükenmenize ne kadar kaldı?

Sihirli aynanın güzelliğin değil de dişiliğin gücünü yansıttığını ve üvey annenin, senin gücünü ölçebilmek için (seni ormana salarak) bir sınavdan geçirmek istediğini hiç düşündün mü? İşlerin biraz ters gittiğini kabul ediyorum. Dolayısıyla yedi cücenin ev işlerini üstlenmene gene de bir diyeceğimiz yok diyelim, ama o güçlü büyücüyü, üvey anneni, üç kez üst üste tanımamakta ısrar edip, yetki ve sorumluluklarını yüklenmek yerine cam tabutun içinde yatmayı yeğleyişine ne demeli? Bu bana bayağı tuhaf geliyor. Bu arada, ölmemiş olduğunu, bir prens tarafından uyandırıldığını; dolayısıyla derin bir trans durumunda bulunduğunu, ama cücelerden tekinin bile durumun anlam ve önemini kavrayacak konumda olmadığını, giderek işin o berbat sona dayandığını biliyoruz: Prens seni görüyor ve öyle cansız gibi yatışına tutuluyor; seni alıp götürüyor; uyanıyorsun ve artık kendinde değilsin. Mektubumun, olup biteni biraz olsun kafana sokacağını umuyorum. Prensten ayrıl ve artık çok gecikmeden mirasına sahip çık.

Nasıl oldu böyle bir şey? Bir yanda masayı kurma işinden ve gümüş takımlardan hâlâ anlayan ve masaya 13 gümüş tabak koyup takvime 13 Ay kaydeden bir anne varken. Üstelik kadıncağız şişko bir kurbağadan hamile kalma biçimindeki eski numarayı da hâlâ bilenlerdendi. Bir de baba vardı. Altın içinde yüzüyordu ama kızının doğum davetinde bu altın sadece 12 tabağa ve bu da sadece 12 periye yeterliydi.

On üçüncü peri çıkageldiğinde, aslında sana en önemli armağanı sunduğunu bilmen gerekirdi: Kadın olmak üzere olduğun bir anda sana hayal kurmayı ve düş görmeyi öğretti. Hayatını resimler ve görüntüler halinde düş göre göre geçirmek ve 100 yıl sonra böyle bir uykunun verdiği tüm güçle uyanmak yerine, bir prensin seni öperek uyandırmasına meydan veriyor ve bütün öteki ölümlü kadınların gittikleri yoldan gidiyorsun. Oysa ahçı yamağına şöyle bir tane indirmeliydin, ahçıya, hatta daha da iyisi babana. Sarayı çepeçevre örten ve insanın kanını kaynatan o dikenli gül sarmaşığının bir süs çiçekleri çitine dönüşmesinin, aybaşı kanamasının şiddetinin hapla azaltılmasına benzer bir etki yaptığı hiç aklına gelmedi mi? Uyan bebek!

1.

test

Kim senin için daha önemli?

1. Devlet Başkanı
2. Theresa ana (rahibe Theresa)
3. Gorbi
4. Adı sanı belli olmayan bir bakımevi çalışanı
5. Kız arkadaşın
6. Baban
7. Kocan
8. Tanrıça Kali
9. Papa
10. Kendin

(Çözüm, 1. bölümün sonunda)

1. bölüm

Değerli biri değilim. Değerli olmayı kesinlikle hak etmedim. Yetkin biri (bir erkek) bana kim olduğumu söylemedikçe ben bir hiçim. Benim böyle oluşum, diğer kadınların benden daha iyisini hak ettikleri anlamına gelmez.

Biliyor musun, tamamlanmış bir okul ve meslek eğitimine bile sahip değilim. Kendimi bitirme sınavları stresine kaptırmadan okuldan ayrıldım. Olabilecek bütün mesleki eğitim dallarına başladım ve bir şekilde sonuna getirdim, şöyle böyle. Hepsinde de diploma eksik kaldı. K.'nin bana bu işi vermesi büyük incelikti. Hayalimdeki iş. Yazı işleri asistanı. Gerçi yaklaşık 14 saat çalışıyorum, herkes evine gittikten sonra bile benim resim altlarını yazmam, okuyucu mektupları ve burçlar köşesini hazırlamam gerekiyordu, elbette biri yapacaktı bunları. Bize yollanan ve birinin selam, teşekkür cümleleri ekleyip geri göndermesi gereken elyazmalarından hiç bahsetmiyorum. Bazı zamanlar K. de daha uzun kalırdı. Viski şişesini elinden düşürmez ve bir şeyler anlatırdı. İlginçti. Bence adam çok şey yaşamış ve çok deneyim geçirmiş, onu dinlemek hoşuma giderdi. O gittikten sonra işimi tamamlamak fazladan iki saat alırdı, ama ben yine de bunu seve seve yapardım, çünkü sonuçta bütün bu deneyimleri yaşamama izin verildiği için sevinmeliydim.

Arkadaşım bir tiyatroda verilen dersleri izliyor ve karşılığında hiçbir şey almadan çalışıyor. Olacak şey mi bu sence? Peki niye? Eğitimini tamamladıktan sonra tiyatroda bir yer kapabilmek gibi bir kerelik bir şans ele geçirmişti. Evet, iki yıldan beri bu böyle devam ediyor ve ailesinden para almasa sabah dokuzdan akşam 11'e kadar ücretsiz çalışmanın altından kalkamaz, ama bunun ona mesleğinde yardımcı olduğu da kesin. Gerçi dersleri izlemeye birlikte başladığı erkek öğrencilerin ve asistanların bu arada kendi reji çalışmalarını yapmaya başladıklarını ve küçük oyunlar sahneye koyduklarını anlatıyor, ama sen de kabul etmelisin ki, bir kere kadınlar o kadar yaratıcı olamıyorlar. Çoğunlukla çok yavan, çok gerçeğe yakın oluyorlar ve tiyatroda çok gerekli olan soyutlamayı işlerine katamıyorlar. Böyle bakıldığında arkadaşım gerçekten de bir şeyler öğrenebilir, hatta diğer öğrencilerden bile.

Bir başka arkadaşım ise bir yemek kitabı yazmak istiyordu. Gerçekten de büyük bir keyif alarak yemek pişirir ve bence pişirdiği yemekler harika. Aslında bir dâhi o. Yüzme havuzunun sıvasını kendi yaptı ve deposunu genişletti, kiremit aktarır ve giysilerini kendisi diker. Ama hiçbir şey beceremediğini düşünür. Ancak kocası "hey, bunu çok iyi halletmişsin", derse yüzü güler. Evde otorite kocasıdır. Onun evde kendisine yardım etmediğinden ya da çok az yardımcı olduğundan yakınır, ama o kendisini övdüğünde de mutluluktan uçar. Ve biliyor musun, arkadaşımın üç çocuğu var, kocası da çoğunlukla evde değildir. Kocası da çok severek yemek pişirir, ama tabii daha seyrek. Eh hiç evde kalamıyor ki. Şimdi kitabı kocasının yazmasına karar vermişler, o zaten reklam sektörünün içinde ve neredeyse evden hiç çıkmayan karısından çok daha iyi bir şekilde kendisini ifade edebilir. Sonra adam akşamları dağınık bir kafayla, yahu şu harika yemeği nasıl pişiriyordun, diye sorar ve arkadaşım da dikte eder. Kocası kendisi kadar iyi daktilo yazamadığından onun kitabı taslak olarak hazırlamasına, arkadaşımın da daktiloya çekmesine karar vermişler. Kocası, canı çalışmak istemediğinde, ayrıntıları sen zaten biliyorsun, diyormuş. O zaman arkadaşım yalnız devam ediyormuş. Şimdi kitap hazır. Bana, ah biliyor musun, bu aslında benim çalışmam. Ama ben bununla insanların karşısına çıkmaya cesaret edemezdim, hem kocamın ilişkileri daha fazla. Ayrıca okul kompozisyonu gibi ifadelerimle kendimi rezil edeceğimi söylüyor.

Bunun çoğu kadın için böyle olduğuna inanıyorum. Bilgi ve becerilerinin sonuçta hiçbir şeye yetmediğini görüyorlar. Evet, şimdi, ama bu erkeklerde de aynı, diyebilirsin. Belki de. Fakat ben öyle erkeklere rastladım ki, inanmayacaksın ama kendi adını doğru dürüst yazamayan şef doktorlar, Billy Joel'i Billie Holiday'den ayırt edemeyen müzik yazarları tanıdım, bir adım sonra ne yapmaları gerektiği hakkında en küçük bir fikirleri bile yoktu, ama bunlar bölüm şefleriydi. Bu mekanizmanın nasıl işlediğini sana söyleyeyim: yanlarında yardımcıları ve sekreterleri kadınlar var. Evlerine gittiklerinde karıları onlara yeniden can verir. Kendilerini yalnız, terk edilmiş ve kötü hissettiklerinde bir barda ellerine bir bardak bira alıp müzik kutusunun başına dikilirler, nasılsa onları neşelendirecek birkaç kadın gelir. Yaşlı bir erkek arkadaşım öyle gözlerini önüne dikip durduğu zaman melankolik kafasının içinden neler geçtiğini sorduğumda bana şu cevabı vermişti: HİÇBİR ŞEY. Ve bu doğruydu. Ben gelecek hafta için, çocuğun yuvası için, işte yapacaklarım için, yardım edecek birini bulduğum çeviri için planlar yaparken o işini yapıyor ve aklından hiçbir şey geçirmiyordu.

Her zaman kendim için hissettiğim ve düşündüğüm şeyi bir erkeğin bana söylemesini beklemişimdir: Sen harikasın. Çocuğunu böyle rahat yetiştirmen, yanı sıra çalışman ve dahası kitaplar için düşünce üretmen gerçekten büyük bir başarı. Daha sonra erkek arkadaşlarımın çocuklarına baktığım da oldu -ah, özür dilerim hemen çamaşırları toplamalıyım, gerçi kendi çamaşırlarım değil, ama toplamazsam... -Yani, sonuçta bana hiçbiri bir kez bile beni ne kadar olağanüstü bulduğunu ve hayranlık duyduğunu söylemedi.

Tabii ki bu beni kızdırıyor. O zaman öteki karılar da bu kadar küstahlaşmasınlar ve kendi egolarıyla bu kadar uğraşmasınlar. Canımın içi, bunlar bir kere açık oturuma katıldık ya da bir politik toplantıda söz aldık diye kendilerini ne sanıyorlar. Bunun hiçbir önemi yok ki. Erkeklerin haklarında neler söylediğini duyuyoruz: hırslı keçi. Şunun yüzüne bir bak, nasıl da katılaşmış. Bunun meslekten falan haberi yok.

Tüm mercileri küstahça atlayabileceklerine -ve bunu etki sahibi erkekleri yataklarına almadan yapabileceklerine- inanan kadınlar her zaman olmuştur, ama inan ki bu kadınlar gülünç olmaktan öteye gidemezler. Aslında hepsi güvensizdir, ürkektir, kendi yaşamlarıyla başa çıkamazlar ya da kendi bilinçlerini fazla abartırlar ve hatta kendilerinin daha üstün olduğunu sanırlar. Sen de, ben de biliyoruz ki, bu kadınlar erkekler kadar yetkin, onlar kadar olağanüstü, onlar kadar ilginç değildirler.

Bir konu, ancak bir erkek elini sıkıp da bravo, gerçekten harika bir iş, deyince pürüzsüzleşir. Sen de böyle düşünmüyor musun? Dans kursları düzenleyen bir kadın arkadaşım var. Grubunda en az beş erkek olmadıkça rahat etmiyor. Aksi takdirde bir hatası olduğunu düşünüyor. Erkekler için çekici hale getirene kadar programı üzerinde oynuyor ve ben ona hak veriyorum. Sırf kadınlardan oluşan bir grup, böö, bütün zamanlarını kıkırdayıp saçmalayarak geçirirler ve ortaya hiçbir şey çıkmaz. Sonuçta gerçek görüş yeteneğine sahip olan sadece erkeklerdir. Bu yüzden sana bir tavsiyem var: Kendi kendini adam etmek için sıkı çalış. Öyle kolay kolay dâhiyane fikirler geliştirmeyeceğini bil. Ah, ben ağzımı nasıl olup da açıyorum, bunu kafama Gertrude Stein'ın o aptalca kitabı sokmuş olmalı. Açıkça, kendisinin bir dâhi olduğunu iddia ediyor. Onun yazdığı hiçbir şeyi okuma! Yazdıkları bütünüyle delice. Erkeklerin yazdığı hiçbir kitapta böyle bir şey bulamazsın, her satırda dünyayı yeniden yaratmak zorunda kaldığın kadınca bir laf salatası. Kendisinin dâhi olduğunu bir erkeğin onaylamasını beklememekle de kalmamış, üstüne üstlük bir de sanatçıları desteklemiş. Bence bu biraz ukalalık, öyle değil mi?

Zelda Fitzgeral'ı örnek al. Kendi başına hiçbir şey yapamayacağını ve hiçbir şey olmadığını kocası ona açıkça söylemiş. Zelda aslında balerin olmak istiyormuş, ama kocası bundan bir şey çıkmayacağını hemen anlamış. Hiçbir zaman ikinci sınıf rollerden öteye gidemezsin, demiş. Ve sonra Zelda'nın tuttuğu günlükleri alarak kendi kitaplarında kullanmış. Bu günlüklerin kendi içlerinde tabii ki bir değeri yokmuş, ama kocasının yaptığı çalışmayla yüksek edebi değer kazanmışlar. Kadının yarattığı hiçlikten nasıl da faydalı bir şeyler oluştuğunu görmüyor musun? Erkeğin mükemmelleştirici çalışması sayesinde. James Joyce da bunu yapmış ya. Gerçi şimdi bu benim için çok da iyi bir örnek değil, çünkü o karısı Norma'nın günlüklerini ve mektuplarını aynen onun yazdığı şekliyle almış, noktasız, virgülsüz. Kelimesi kelimesine. Ardından eleştirmenler böyle noktasız, virgülsüz yazmanın ne kadar dâhiyane olduğunu yazmışlar. Fakat dürüst olalım. Bir günlükte ya da mektupta bu şekilde yazmak hiç de başarı sayılmaz. Bir şekilde bunu hepimiz yaparız. Ama bunu dünya çapında edebiyat haline getirmek gibi dâhiyane bir fikir -işte mesele bu-. Bir kadın bunu asla düşünmezdi. Sylvia Plath'ı örnek al. Kocasının eline su dökemeyeceğini hemen anlamış. Kocası ünlü bir şairmiş, adı Hughes mi ne, öyle bir şey. Kendi yaratıcılığını kocasının yararına geride tutmuş, çocuklarını yetiştirmiş. Depresyona girmesi kendi kişisel sorunu canım. Başkaları karşısında ailedeki dehanın kocası olduğu ve kendisinin öylesine kendi kendine oyalandığı konusunda hiçbir kuşku bırakmamış. Doğru olan da bu zaten.

Bir erkek seni keşfedinceye kadar bekle, acelen ne. Fazla iddialı olma, bu hoş karşılanmaz, hem sonra yarım yamalak işlerle ortada kalırsın. Ve diğer kadınlara son derece eleştirel yaklaş. Onları erkeklerin değer yargılarıyla ölç, hatta daha da sert olman daha bile iyi, o zaman geriye ne kaldığını görürsün. Bir düşün bakalım: Aslın ne senin; ve baban / erkek arkadaşın / kocan senden ne meydana getirdi? Şunu aklında tut: Kadınlar her şeyi çalışıp çabalayarak elde etmek zorundadırlar. Bu böyle olmuş bir kere. Hiçbir şeyi sana hediye etmezler. Başarılı olmak, çabalamak, enerji yağdırmak zorundasın, yoksa hiçbir şey alamazsın. Yoksa bir şeyleri hediye olarak alacak kadar harika bir şey mi sanıyordun kendini?

1.

çözüm

Yanıt 1,2,3 ve 9: Tanrım, ne can sıkıcısın. Biraz daha sıkı çalış, o zaman belki rahibe Theresa'nın meleklere yaraşır mertebesine yükselebilirsin. Ama gırtlağına kadar sefilliğe düştüğünde televizyoncuları çağırmayı unutma, çünkü inanıyorum ki, halkla ilişkiler olmasaydı rahibe Theresa bile dayanamazdı.

Yanıt 5: 3. bölüme bakınız.

Yanıt 6 ve 7: Bu kitabın ışığında elbette bunlar doğru.

Yanıt 8: Senden bunu hiç beklemezdim. Unutma ki iyi bir kadının boynunda erkek kellelerinden oluşan bir kolye asılıdır. Babanın bunu anlamasına izin verme!

Yanıt 4: Evet, evet, evet sıkıcı. Yaşamın bilinmeyen cephesindeki cesur kadınlar. Git sen de aynısını yap ya da daha iyisi: Tatile çık, çok gerginsin ve acilen rahatlamaya ihtiyacın var. Hem bütün bunların kendi değerini bilme duygusuyla ne alakası var?

Yanıt 10 doğru. Çünkü sen bunu görsen de görmesen de, kabul etsen de etmesen de: Senin yaşamın senin çevrende döner dolaşır. Eğer bu böyle olmaktan çıkarsa mantıken kalbinin durması gerekir. Bedenin senden daha gerçekçi, çünkü sen kendini değersiz bulsan da bedenin, satın almak zorunda kalsaydın bedelini asla ödeyemeyeceğin karmaşık bir organizmayı işler halde tutuyor. Bedenini şımart biraz. Bunu hak ediyor.

2.

test

1. Aslında gayet iyi bir durumdayım.
2. Benim hayatım diğer kadınlarınkinden daha zor değil.
3. Zavallının biriyim.
4. Daha iyi bir duruma gelebileceğimi hissediyorum, ama ne yapmam gerektiğini bilmiyorum.
5. Kendimi genellikle kötü hissederim
6. Kendimi genellikle iyi hissederim.
7. Aslında sevinçten çok korkudan gülerim.
8. Çok ender gülerim.
9. Şimdiye kadar hiç gülmekten altıma işemedim.
10. ... (Kendi tanımın)

(Çözüm 2. bölümün sonunda)

2.
bölüm

Duygusal bilançona çeki düzen ver

S., sabahları altıda kalkıyorum, diyor, sonra herkes için kahvaltı hazırlıyorum. Birinin düğmesi kopuyor, dikmek zorunda kalıyorum, sonra çocukların ev ödevlerini kontrol etmem gerekiyor (Kocası, bunları dün de yapabilirdin, diyor). Oğlan kakao içiyor, kız çay, kocası kahve ve kendisi kahvaltı etmeye bile fırsat bulamıyor.

Sonra hepsi gidiyor, diye anlatıyor, ben de bir sigara yakıp oturuyorum ve bir fincan kahve içiyorum, o sırada kocam telefon ediyor ve tanrım bunu nasıl yaptım, çok önemli bir dosyayı evde unutmuşum, diyor. Neyse, ben zaten şehre inmek istiyordum ya, dosyayı alıyorum ve ona götürüyorum. Buraya kadar gelmişken, diyor, şunu da yapamaz mısın... Bu böyle sürüp gidiyor. Üç aydan beri aynı kitap elimde sürünüyor, okumaya fırsat bulabileceğimi düşünüyor musun? Akşamüstü, okuldan sonra stres başlıyor, küçüğü diş doktoruna götürmek gerekiyor, büyük oğlan küstahlık ettiği için öğretmeni benimle konuşmak istiyor. Sonra flüt dersi saati geliyor, sonra oğlanlar birbirine giriyor. Annem telefon ediyor, kendisine hiç uğramadığımdan şikâyet ediyor ve bu şekilde annemle iyi bir ilişki kurabileceğimi mi sandığımı soruyor, ayrıca onu istasyona bırakmam ve iki hafta boyunca çiçeklerini sulamam gerekiyor. Hüngür hüngür ağlayabilirim. Keçileri kaçırabilirim.

Ama biliyor musun, Doris'le karşılaştırıldığında benim durumum yine de şeker gibi sayılır, onun kaderini hayal bile edemezsin.

Yo, hayır, tahmin edebiliyorum. Onun durumu da çocukları ve ailesi olan çevremdeki çoğu kadınınkine benziyor sanki. Büyük ihtimal senin kaderine de benziyor. Taşıyabileceğinden fazlasını yüklenmişsin, nihayet yalnız kalabildiğin bazı zamanlar ağlama krizine tutuluyorsun. Sonra utanıp yüzünü yıkıyor ve düşünüyorsun: ...ile karşılaştırırsak benim durumum yine de iyi. Hem neden şikâyet ediyorsun ki? Sağlıklı (hoş, makul vs.) bir kocan var, çocukların var, yalnız değilsin, ya da yalnız da olsan hiç olmazsa evsiz barksız değilsin, sağlıklısın, tam sağlıklı olmasan bile en azından bir ölçüde güvenli bir gelirin var. Sakın şimdi bana evsiz olduğunu söyleme, bu kadar bela bir arada gelmez. Daha ne kötülerinin olduğu düşünülürse kendi durumunun ne kadar iyi sayılabileceği konusunda bana her halükârda hak vereceksin. Zaten başka türlü olsa niçin hâlâ kocanla birlikte yaşayacaktın ki. İçinde bulunduğun duruma tahammül etmeye niçin devam edecektin? Yaşamak istediğinin bu olduğunu içten içe bildiğin için. Hayır, yaşamak zorunda olduğun yaşamın bu olduğunu aslında bildiğin için. Daha berbatı. Yoksul olabilirdin, yalnız, bir başına sokakta kalabilirdin. Ve kendini yağmalanmış, incitilmiş, önem verilmemiş, kullanılmış, emilip bitirilmiş hissettiğinde bunlarla avunuyorsun.

Bir zamanlar okulda yardım topladığımız Anneler İçin Rehabilitasyon Merkezi aklına geliyor. Oraya gönderilen, iyileşmeye zorlanan anneler, hangi anneler? Tamamen bitik durumda olmalılar. Durumu senin kadar iyi olmayanlar, sen pekala her şeyi gereğince hallediyorsun. Değil mi?

Duygularını saptayıp not etmeye, yaşadığın olayları anlatan bir günlük tutmaya sakın kalkışma. Bundan eline ne geçer sanıyorsun? Olsa olsa ruhsal durumunun gittikçe bozulduğunu, ve yaşamayı hayal ettiğin durumun giderek senden uzaklaştığını, ve o durumun yerini cehennemin aldığı ayrımsarsın o kadar. Cehennem kavramını kullanmak için fiziksel şiddet ya da köleleştirilmeyi beklemeyen kadınlar da var. Bunlar, kendine ait bir odaları olmadığında bile cehennemden söz ediyorlar. Virginia Woolf bu konuda bir kitap yazdı. Ama senin yerinde olsam o kitabı okumazdım (adı *Kendine Ait Bir Oda*), çünkü okursan nasıl olup da kocanın boş zamanlarını geçirdiği bir oda, çocukların ayrı bir odaları olup da sana sadece mutfağın kaldığını ve oturma odasıyla balkonu da ailenin diğer fertleriyle paylaşman gerektiğini düşünmeye başlarsın. Ayrıca kendine ait bir odada ne yapacaksın ki? Sen zaten ne yapacağını bilmiyorsun. Hem yalnız olduğun zamanları hatırlayıp da hiç üzülme. Hayat dolu çocukların, iyi bir kocan olduğu için sevin. Böyle bir kocan olduğu için sana nasıl gıpta ettiklerini düşün. Bir keresinde başkasına âşık olmuştu, hatırlasana kendini nasıl tehlikede hissetmiştin. O olmasaydı ne yapacaktın? Ne? Zaten hiç yanımda olmuyor mu dedin? Sakın yanılgıya düşme. Depresyonların seni karamsar bir ruh haline sokuyor. Her şeyi olumsuz görüyorsun. Evlilik her gün bayram demek değildir. Efendim? Ama sen hiç olmazsa mutlu olmak mı istiyorsun? Bu duygusal mutluluk kelimesinin bu bağlamda ne yeri var ki, anneler gününde çocukların kahvaltıyı hazırladığında ya da kocan bir demet çiçek getirdiğinde mutlu olmuyor musun yoksa? Hayır mı? Şunu söylemek zorundayım ki, sen de çok fazla şey bekliyorsun. Sen niye evlendin öyleyse? Her şeyi başka türlü mü hayal etmiştin? Nasıl yani?

"Her zaman her durumda beraber olacağımızı hayal etmiştim", diye anlatıyor arkadaşım. "Kocamın beni seveceğini, beni özleyeceğini, onun için bir an önce eve dönmekten daha önemli bir şey olmayacağını düşünmüştüm. Bunun yerine bütün sorunlardan kaçıyor, her zaman geç geliyor, işini bahane ediyor ve ben ruhen köreliyorum." "O halde onu terk et", diyorum kılımı bile kıpırdatmadan, "Böyle bir şeyi nasıl düşünebilirsin? Ben onu seviyorum, onsuz yaşayamam. Hem çevremdeki evliliklere şöyle bir bakınca kendi halimin gayet iyi sayılabileceğini görüyorum. Hele yalnız yaşayan kadınları gördükçe..."

Beklenti içinde "Evet?", diyorum, çünkü ben de onlardan biriyim.

"O zaman görüyorum ki, hepsi epey hava atmakla birlikte, yine de yalnızlar sonuçta. Akşam olduğunda ben ailemin arasındayken, onlar ellerinde bir şişe şarap tek başlarına oturuyorlar."

"Ve okuyorlar," diyorum, "Ne can sıkıcı. Peki senin ailenden etrafında kim oluyor?"

"Eh," diyor, "çocuklar birbirine giriyor, kocam da işyerinde oluyor. Çocukları nihayet yatağa yatırıp da bir sigara yakıp kendime bir bardak da şarap koyunca dünyanın en mutlu insanı benim."

"Keyfin yerinde", diyorum.

Sana bir tavsiyem var: Eğer kendini bir gün yine tümüyle hoşnutsuz hissedersen senin için çoktandır sıradanlaşmış olan yaşamın küçük şeylerinden sevinç duy. Kendi ayakkabılarını kendi bağlayabildiğin için sevin, düşün kıpırdayamayacak durumda olan ne kadar insan var. Zaman zaman sinirlerini bozsa da bakman gereken insanlar olduğu için sevin. Bir düşün dünyada tek başına da kalabilirdin! Hiç kalmayacak mısın? Sen de epey dikkafalısın ama! Sevin ki, seni hâlâ öpen biri var, çünkü kocan en azından arada sırada seni öpecektir... Artık senin için bir önemi yok mu? Kartpostal topla, doğanın güzelliği içinde yeniden doğ. Bir yaşamı zenginleştiren gündelik hayatın sevinçleridir. Eğer mutsuzsan bunun tek sebebi güzel olanı, neşe vereni, mutluluğu görememendir. Buna zamanın olmadığını söylemek geçerli bir bahane değil. Ufacık bir kulübede bile mutlu olunabilir, güzellik ayrıntıdadır. Villalarda yaşayan zenginlere, ünlü kadınlara, starlara bir bak. Yoksa onların mutlu olduğuna mı inanıyorsun? Şu kadın magazinlerini bir oku. Bütün o ünlü ve zengin kadınların bozulmuşluklarını her gün bu dergilerde okuyabilirsin ve onlarla kıyaslayınca kendi durumunun şeker gibi olduğunu göreceksin! Her zaman kocanın sana bir şey hediye etmesini bekleme. Onun kafasında daha önemli şeyler vardır. Sonuçta o işe gidiyor ve meşgul. Sen de bir şeylerle meşgul ol. Evini güzelleştir, o zaman kendini hemen daha iyi hissedeceksin.

Eğer yüzünün çok az güldüğünü düşünüyorsan televizyondaki güldürü programlarını izle. Hadi canım, biraz daha mutlu olmak hiç de zor değil. Sana şevk verecek deyişleri kâğıda yazıp duvara as. Sadece güzel olan anları yakala, kötü olanları unut gitsin. Bu kadarı çok mu fazla? Hımmm........

2.

çözüm

Yanıt 1 ve 2: İşine burnumu sokmak istemem ama "aslında" kelimesi üzerinde bir düşün ve bunu, mümkün olduğunca, diğerleri senden aslında hiç de kendi sorunun olmayan belli işleri talep ettikleri zaman yap. Çünkü aslında .... vs.

Ve gelelim 2'ye: Her zaman durumu senden daha kötü kadınlar olduğundan emin olabilirsin. Zorda kalırsan tarihten tiplere ya da roman kahramanlarına göre kendini yönlendir.

3'e bakarsak: İç açacak kadar dürüstsün, ama ne olur kendine acıma.

4: Şimdi öğreneceğin kelime beş harfli ve en pis kelimelerden biri. Bu kelime HAYIR!

5 ve 6 üzerine: Böyle aptalca tanımları sana yutturmalarına kesinlikle izin vermemelisin.

7: Böyle çok kadın tanıyorum. Aslında ağlamaları ya da çığlık atmaları gerektiği halde gülümserler. Sonuç: diş doktorum, geceleri dişlerini gıcırdattıklarını söylüyor. Çene kemikleri kasılmıştır ve hatta bazan, ayıldıkları bir anlarında zıvanadan çıktıkları bile olur.

8: Haklısın, gülmeni gerektiren hiçbir şey yok.

9: Yazık. Okuldayken gittiğin kayak kampını, kız arkadaşlarınla geçirdiğin öğleden sonraları ya da bende olduğun son perşembe gününü hatırlamıyor musun?

10: Ölçüyü kaçırıyorsun.

3.
test

Aşağıdaki diziye uymayan nedir?

Volkan
Depresyon
Saldırganlık
Ütü
Televizyon
Kasırga
Yakınmak

(Çözümler 3. bölümün sonunda)

3.
bölüm

Kararlı bir biçimde çözüm aramak, dolayısıyla gerçekten ne istediğini bulmaktansa, vanalarını aç ve taşan gücü, sana baskı yapan enerjini salıver gitsin.

Şimdi, durumunun artık çoğunlukla gösterdiğin gibi tozpembe olmadığını anladığın zor bir noktaya geldik. Öylesine baskı altındasın ki zaman zaman intiharı bile düşündüğün oluyor. Doktorun sana bir sakinleştirici yazacak kadar anlayışlı olacaktır, ayrıca kocan ya da yakın çevren de, sakinleşmenin ne kadar önemli olduğunu sana söyleyecektir. Bu olayı doğadan tanırsın, bir güç fazla büyüdü mü bir supaba ihtiyacı vardır, yoksa set yıkılır, sular her tarafı basar, yoksa yıldırım eve düşer, yoksa haykırmaya, etrafı toz duman etmeye ve tırlatmaya başlarsın, yoksa evdeki mobilyaları kırarsın, seni ne kadar çileden çıkarsalar ve senden faydalansalar da o kadar çok sevdiğin kocana ve çocuklarına çıkışmaya başlarsın. Yoksa her şeyi bir yana fırlatıp çekip gidersin. Yoksa ellisinde bile olsan kendine yeni bir yaşam kurmayı düşünürsün. Yoksa yaşamına bir kez daha en başından başlarsın.

Yani, böyle şeylerin başına gelmemesi için, sana yük olan fazla enerjini, varlığının güvencesini tehlikeye sokmayacak, ortak çocukları, ortak evi, ortak işleri, ortak tatili, ortak yazlığı, ortak hesabı tehlikeye sokmayacak şekilde kanalize edecek yolu öğrenmelisin.

Bir erkeğe yakınmanın pek anlamı yoktur. Erkekler böyle şeyleri dinlemekten hoşlanmazlar. Bu kadınların büyüsünü yok eder, onların gizemini elinden alır. Kadınlar gizemli ve muammalı olmalıdır. Bunlar senin için pek bir şey ifade etmese de, ben sana yine de bir kereden fazla şöyle iyice derdini dökebileceğin bir erkek bulamayacağını garanti edebilirim. Erkeklerin bu konuda kendilerini kurtarma refleksleri çok güçlüdür. Hemen kaçarlar.

Yakınarak bir şeyler anlatmanın çocuklar için de çekici bir tarafı yoktur, özellikle de küçükler için. İnanılmaz biçimde acımasız olabilirler. "Senin hatan", diye yüzüne çarparlar, "niye kendinden faydalanılmasına izin veriyorsun."

Lezbiyen bir arkadaşımın kızı, bir keresinde annesinin yakınmakta olan arkadaşına "bir erkekle yatarsan faydası olur belki", diyordu.

Bir diğer arkadaşımın oğlu ise şunları söylüyordu: "Şimdi benim için ne kadar özveride bulunduğunu söyleyerek beni suçlamana gerek yok. Bence bunları yapmak zorunda da değildin. Benim niyetim nasılsa on yaşına gelince çekip gitmekti."

Yani kendini berbat hissettiğinde çocuklardan ilgi ya da teşekkür bekleme ve büyük ölçüde hakları da vardır, bu kadar uzun zaman bekleyen sensin, şimdi de içindeki her şeyi tasnif etmeden, süzmeden dışa döküyorsun. Unut bunları. Bir kadın arkadaşına git, çünkü kadın arkadaşlar bunun için vardırlar, sen de öyle düşünmüyor musun? Gecenin iki buçuğunda ona telefon et, içini dökünceye kadar ağla. Bir randevu sapta, onunla buluş, onu düşünme, senin anlatacağın her şeyi dinlemek zorunda. Ancak böylelikle sana gerçekten yardım edebilir. Ona kalbini dök. Onunla bir kafede, senin ya da onun evinde, önünde bir fincan kahve ve ufak bir konyakla oturup şöyle içindekileri iyice dökebilmek harika bir şey değil mi? Yaşamda neleri elinden kaçırdın! Her şey ne kadar boktan! Kendini ne kadar kötü hissediyorsun! Beraber olduğun erkek (lezbiyensen kadın) sana ne kadar kötü davranıyor! Çevren senin hastalıkların, zayıflıkların, üzüntülerin karşısında ne kadar anlayışsız. ÖTEKİ kadın ne kadar da bayağı, nasıl da senin ilişkinin içine sızdı! ERKEĞİNİ elde etmek için senin zayıf konumundan nasıl da faydalandı! Ne kadar sahtekâr! İstediği gibi konuşabilir, çünkü senin sırtında olan yük, onda yok! ERKEĞİNİ nasıl da etki altına alıyor, onu yiyip bitiriyor, ilişkinizi, evliliğinizi, aileyi yıkmak istiyor. Onu senin elinden almak istiyor! Onu çalıyor! Sinsi, kurnaz, her şeyi yapabilir.

Bunları dinlemek kadın arkadaşını esnetti mi? Hayır. Böyle bir şeyi asla yapmaz. Sen hepsini anlatana kadar seni dinler (sonra bir başka kadın arkadaşınıza fenalıklar gelene kadar dinlediğini söyler).

Arkadaşın sana akıl verir. Onun gösterdiği olası seçenekleri sen derhal alaycı bir tavırla reddedersin. Hah! Bu benimkinde sökmez işte! Bu o kadına kesinlikle işlemez.

Arkadaşının tüm önerileri tükenmiştir. Artık aklına bir şey gelmez. Sen zaferini yaşarsın! Gördün mü! Başka hiçbir kadın şu anda senin olduğun kadar kötü hissetmemiştir kendini. Böyle bir şeyi tahayyül etmeye çalışsana hele! Kocam dedi ki... bunun üzerine ben dedim ki... hayır, dedi... ama ben gevşemedim. Hadi itiraf et, dedim,... vs... vs...

Arkadaşın saatine mi göz attı? O halde, bunu yaptıysa, sana dürüstçe söyleyeyim, gerçek bir arkadaş değil o. Gerçek bir arkadaş sabahın beşinde sen sakinleşinceye ve yorgun argın kocanın yanına, yatağına dönünceye kadar evin etrafında seninle üç tur atar. Gerçek bir arkadaş seni suçlamaz, seni eleştirmez, aksine seni destekler, sana omuz verir, ki bu omzu gözyaşlarınla sırılsıklam ıslatasın, kendini yeniden toplamanı sağlar ve seni tekrar evdeki cepheye gönderir, pardon yuvana demek istemiştim. Gerçek bir arkadaş bir evliliğin, bir ilişkinin nasıl yürüdüğünü de bilir. Hiçbir zaman şunları söylemek gibi adi bir fikir aklına gelmez:

"Bu ne saçmalık, bırak artık bu adamı, yoksa bütün paranı tüketene kadar / seni tımarhaneye düşürene kadar / o seni terk edene kadar / o seni unufak edene kadar / kavgalarınız çocuklarında zihinsel bir bozukluk yaratana kadar beklemek mi istiyorsun."

Tam bu noktaya gelmişken: İyi bir arkadaş, iyi güzel şeyler artık bir zamanlar olduğu gibi çok yakında görünmüyorsa, çocuklarını toplayıp yeni ufuklar aramayı sana ASLA önermez. İyi bir arkadaş, sen ağlayıp içini döktükten sonra şunu söyler: Onunla kal, en azından çocuklarını düşünerek. Birlikte mücadele edin. Çocukların ikinize de ihtiyacı var. Babasız çocuklar nedir ki (ah, özgürlük! Ama iyi bir arkadaş bunu söylemez. Bunu sadece ben söylerim, çünkü babası olmamanın ne kadar rahat olduğunu ben biliyorum)!

Böylece gözyaşları denizini tüketirsin. Arkadaşın yaşlarını kurular, sana belki bir valyum ya da bir yudum şarap verir, belki hazır çorbası vardır, insan şoka girdi mi sıcak bir şey hep iyi gelir ya. İntiharı ya da aşırı çözümleri düşünmenin çok yanlış olacağını sana temin eder. Bir ara kocası ortaya çıkar, ona birkaç şey fısıldar ("Görmüyor musun kendinde değil" der belki, ama sen duymazsın, "onu göndermeye çalışacağım, sonra yatağa gireriz, tamam mı?") Kocası bu kadar isteri karşısında dilsizleşmiş bir şekilde ortadan kaybolur.

Arkadaşın seni eve götürür / taksiye bindirir / refakat eder. Sana cesaret verir. Der ki: Evet, şimdi kendini topla artık. Ailenin sana ihtiyacı var. Ya da: Yarım günlük bir iş ara, o zaman bu kadar düşünmezsin. Ya da: Güzellik uzmanına veya berbere gitsene, görünüşündeki bir değişiklik harikalar yaratır. Ya da: Birkaç günlüğüne bir yerlere gitsene, o zaman sana ne kadar ihtiyaçları olduğunu görürler.

Bütün bunlar senin yaralı ruhuna merhemdir. O gerçek bir arkadaştır. Ona belki de fazla yüklendiğini, rahatsız ettiğini, faydalandığını düşünmene hiç gerek yoktur. O zaten bunun için vardır. O kendini kötü hissettiği zaman da sen varsındır. Efendim? O kendini kötü hissettiğinde yakınmalarını dinlemek istemiyor mu canın çoğunlukla? Ama neden ki? Onun ne kadar yakınabileceğini, durmak bilmediğini hayal bile edemez miyim diyorsun ve senin de kadın arkadaşlarının evliliklerinin çöp tenekesi olman gerekmiyor öyle mi? Sen de zor bir vakasın ama. Bir arkadaşlık böyle bir durumu kaldırabilmeli. Çünkü sonuçta önemli olan, birbirinizi karşılıklı toparlayabilmeniz, gözyaşlarından sonra çelişkilerin temizlenmesi, sorunların ortadan kalkması ve senin az önce ağlamış, ama bir şekilde mutlu tekrar evine gitmendir. O zaman şöyle bir etrafına bakıp dersin ki (3. bölüme bak): "Aslında durumum hiç de fena değil..." Ve aklından çıkarma: Kopma noktasına getirmemelisin! Kocan seni dövse de! Beraber olduğun erkek / kadın seni aldatsa da! Kocan bir iş müptelası gibi boş zamanlarını büroda, dükkânda ya da hobi odasında geçirse de! Kocan futbol sonuçlarının listelerini tutsa ve akşamlarını erkek arkadaşlarıyla kâğıt oynayarak geçirse de! Yine sen onun karısısın! Ve senin, yanında boşalana kadar ağlayabileceğin bir kadın arkadaşın var!

3.

çözüm

Başlangıçta itici gücü oluşturan enerjiden sonuna kadar tutarlı bir biçimde yararlanılmayan biricik durum olduğu için, doğru yanıt, yakınmaktır. Bu enerji ondan yararlanmak yerine doğurulur ve türetilir, o kadar. Yakınmak, tarihsel olarak öncelikle kadınlara öğretilmiş, sonra da kadınlar tarafından kusursuzlaştırılmış bir durumdur.

oyun

I. Tereddüt etmek bocalamana neden olur. Ne yapacağını bilemediğinden kuşkulanıyorsun, sen bu kitabın hedefine başından beri çok yakınlaştın.

II. Bir şeyler olacak, ama bilinçsizce. Senden bir işaret gelmeden bir şey de olmaz. Oyuncu bir oyun hakkından vazgeçecek.

III. Kendi yoluna gidiyorsun, bu bir yerden alıp hiçbir yere götürmeyen bir yol. Tebrikler, her halükârda zamanın trendine uyuyorsun. İki kez zar atabilirsin.

IV. İyice rahatlamışsın. Şimdi bir kez daha zar atma hakkın olsa hiç aldırmayacağını itiraf et. Ne! Zarını mı kaybettin? Yani bu kadar olur...

V. Yolların en zorunda ve en soylusundasın. Saygılar. Oyuncu başlangıca döner. Sen zaten hâlâ oradasın. Bir kez daha zar atmak hakkın yok, ama meditasyon yoluyla hedefe ulaşabilmek için alıştırma yapmaya devam edebilirsin. Milarepa'dan (Tibetli bir kutsal kişi) örnek al. Mağarasından hiçbir zaman çıkmamasına rağmen kutsal Kailas Dağı'nda rakiplerinin önündeydi. Benzi ısırgan otlarının soluk yeşiline bürünmüştü, oyuna biraz ara ver ve doğru dürüst bir şeyler yemeye git!

4.

test

Bütün hayatın boyunca tek bir kez bile orgazm yaşamadın. Buna ne diyorsun?

1. Buna ihtiyacım yok. Ben hayatın diğer güzel şeylerinden sevinç duyuyorum.

2. I can't get no satisfaction. And you try, you try, you try and you try, but I can't get no.... *

3. Kendime her gece başka bir erkek arıyorum. Nasılsa, bedenimi yeterince tanıyan biri günün birinde çıkar.

4. Kadınların kadın bedeninden daha fazla anladıklarını işittim.

5. Kendi kendimi sevmeye ve okşamaya başladım. Tarifsiz bir şey...

6. Kilise bünyesinde / dışında bir yaşam danışmanlığına gidiyorum.

* Doyuma varamıyorum. Sen deniyorsun, deniyorsun, deneyip duruyorsun, ama ben doyuma...

7. Terapiye gidiyorum.

8. Kendi kendime deniyorum ve terapiye yatıracağım parayı bir sefahat tatili için harcıyorum.

4.
bölüm

Seks, yalanlar ve düş kırıklıkları. Ya da: nasıl orgazm olduğun orgazm için fark etmez.

Kadınların ilk çocuklarını doğurduklarında değil de, aksine çok daha önceden teklemeye başladıklarına inanıyorum. Şu bildik, eski, saygıdeğer hetero-seksüel ailelerde kadınların abluka altına alınmasına yönelik ilk adımlar zaten atılmıştır. Anlayacağınız, kendi gücümüzü ve iktidarımızı öne çıkarma mücadelemizi aslında ne sokakta, ne ekonomide ne de politikada, aksine yatakta kaybediyoruz. Halk ağzında yatak sözcüğünün yerine "kapan" sözcüğünün kullanılması boşuna değildir.

Hayvanlar âleminde bir gezinti yapalım. Örneğin dişi kediler niçin erkek kedilerle yatağa girmezler? Çünkü dişi kediler bizden çok farklıdır ve böylece bizim ne yazık ki oldum olası yitirmiş olduğumuz bir şeyi korurlar: ölçüsüz ve amaçsız olarak aldırışsız, dikkatsiz, kendini sıkmadan, rahat şehvet. Dişi kediler yerler ve yedikleri karşılığında bir şey vermezler, suçluluk duyguları yoktur, istedikleri gibi gelir giderler, terbiye edilmelerine izin vermezler. Kendilerine verilen yiyecek ya da okşayışlar karşılığında hiçbir şey yapmazlar. Ve -asıl önemlisi!- yılda sadece iki kez azarlar, ama o zaman da adamakıllı azarlar ve ortalığı kırar geçerler. Eğer bir erkek kedi uygun olan zamanın dışında yakınlaşma girişimlerinde bulunursa dişi kedi güvenlik mesafesinin aşılması halinde bilek gücüne kadar varan, yanlış anlaşılması mümkün olmayan sinyallerle tepki gösterir. Biz kadınların dişi kedilerden öğrenebileceğimiz bazı şeyler olduğu konusunda bana hak vereceksin. Erkeklerin ise erkek kedilerle değil de -çünkü erkek kediler, dişi kedilerin koyduğu kesin kurallara uyarlar- horozlarla karşılaştırılması tamamen yerindedir. Horoz her yerde çenesini açar, her şeyi daha iyi bilir, kümeste bir rekabetle karşılaştı mı kıyasıya dövüş edilir. Horozun cinsel davranışları en çok insan cinsinin erkeğine benzer: biner, silkeler ve iner. Buna bir de başkaları üzerinde komik bir etki bırakan bir özgüven gösterisi ve belli bir kirlilik ekleyin. Tavuklar horozla birlikte koşturabilmek, onun etrafında yemlenebilmek, bindi mi eğilmek, indiğinde birazcık gıdaklayabilmek için hararetle çaba gösterirler. Bu kadarını biz de biliyoruz. Ama tavuklardan bile bir şeyler öğrenebiliriz. Tavuklar kümeste, yaşlı horozlara öncelik tanıyan ve böylece yorulmalarını önleyen ve genç horozların da öğrenme süreçlerini destekleyen bir tür hiyerarşik düzen -belki hareme benzetilebilir- oluştururlar. Ve hiç yorulmak bilmeyen bir horoza tahammül etmek zorunda kalan tavuklar bile katı çiftleşme kurallarına sahiptirler. Eğer bir tavuk üstüne çıkılmasını istemiyorsa bunu kuşkuya yer bırakmayacak şekilde belirtir. Gıdaklar, çığlık atar, gagalar ve sonunda kaçar. Belirtmek gerekir ki böyle bir şey ancak ortalıkta çok fazla horoz dolaşıyorsa olur, çünkü bir tavuk grubu içinde tek bir horoz oldu mu, tavuklar aşırı zorlanmazlar. Tavuk kümesinde bu sorun fazla olan horozların kesilmesiyle çözülür.

Çözülmesi o kadar da basit olmayan insanlararası duruma dönelim. Şehvet, cinsellik ve güdülerle ilgili soruna yaklaşabilmek için öncelikle bilmen gereken bir şey var: Kadın, erkeğe benzemekten çok tavuğa, dişi kediye ya da ineğe benzer (yılda sadece bir kez). Ama biz yaşamımız boyunca ender olarak bu konuda kafa yormayı akıl edebiliyoruz; yani kendi cinselliğimizin nasıl işlediği konusunda. Bu nedenle de -elbette ister istemez- şu kiliseden, ekonomiden, politikadan ve yataktan bildiğimiz erkek orgazmının (kaldır-boşalt) yapısına biz de ayak uyduruyoruz. Erkek orgazmı uyarılmadan sonra A noktasından B noktasına koşan, boşalan ve sonra yine kendi içine inen lineer bir enerjidir. Bir terapi seansı gibi (isteklenme, uyanma, boşalma ve ayrılma), bir kilise kulesi gibi (ereksiyon halinde penis), bir fabrika bacası gibi (aynı şey), bir füze gibi (artık ne olduğunu biliyorsun), bir hafta sonu kursu gibi, parlak bir performans gibi, sporda üstün başarı gibi. Kendi kendine birtakım düşünceler geliştirmen için sana sadece bazı çıkış noktaları vermek istedim, benim düşüncelerimi benimsemek zorunda değilsin!

Her halükârda şu dünyadaki çok az alanın dışında bütün örgütlenme yapısı erkekler tarafından kendi orgazm ritimlerine göre kurulmuştur. Önemli olan bir doruk noktası bulmak, her şeyi bu noktaya sürüklemektir, sonrası fark etmez. Fışkırma, infilak etme, boşaltma, patlatma vs. Yetti yani.

Evimizde bir erkek olsun ya da olmasın biz bu enerji ile yan yana yetiştiğimizden sık sık kendini duyuran ara tonları algılamakta dahi zorlanıyoruz. Örneğin: Bir erkekle yattığımda, o işini bitirdikten çok sonra bende ancak bir şeyler büyümeye başlıyor. Benim duyduğum zevk spiraller halinde dönüyor, yükselip çekiliyor, dalga hareketine benzer, yükselen ve birden çekilen, şiddetlenen ve tekrar hafifleyen hep küçük ve hep farklı duyumsamalar. Kendi bedenimin ritmini izlediğimde bende çoğunlukla dalgaların kıyıya hücum etmesini çağrıştıran bir imge oluşuyor. Ama bir erkek, "kadınlar deniz gibidir!" dedi mi bende oluşan izlenim şu: denize her şeyi boşaltabilirsin.

Başka erkekler de olmadığını iddia etmek istemiyorum. Diyelim ki, kadınların gerçekte nasıl saat gibi kusursuz işlediklerini merak eden erkek sayısı, çok iyimser bir tahminle yüzde beştir, yani küçücük bir azınlık. Üstelik a) kadınların bizzat kendileri de bunu bilmedikleri, b) uzun, zahmetli çabalarla, kendi içlerine kapanarak bu sorunun yanıtını aradıkları ve c) erkekler de bu araştırmalar sonucunda bir yere varamadıkları halde, süren bir meraktır bu. Evet gerçekten de bir yere yaramayan bir merak. İtiraf et, senin kocan bu meraklılar azınlığı arasında yok.

Ve, kadınların maceracılık hevesini kullanarak kendi zevklerine ulaşmak isteyen ne kadar erkek olduğu bizi çok fazla ilgilendirmeyebilir. Bizi ilgilendirmesi gereken tek ve biricik şey, dişi kediler ya da inekler gibi olmamız gerektiği ve bunun için her gün -ya da değişik zaman aralıklarıyla- kullanmamız gereken, aslında en iyi durumda bile aşırı olan, hatta kullandığımız anda yıkıcı, alt üst edici vaziyetlere götürebilecek olan enerjiyi biraz da olsa olumlu işleyebilmektir. Bu durumda benim ilk olarak önerebileceğim şey: HAYIR sözcüğünü unut. İçinden şunları tekrarla: eşime evet! sevgiye evet! kendimi vermeye evet! sabırlı olmaya evet! Kabul et ki, sende işler biraz ağırdan yürüyor. Ve inan bana ki, eşinle mutlu değilsen bu, yeterince esnek olmadığın için sadece ve sadece senin suçundur. Diğerleri mutlu değil mi? Kiminle neler yapmak istediklerini yeterince sık anlatmıyorlar mı? İtiraf et ki frijitsin. Senin için her şeyi yapan bir erkeğin olsa bile, bütün kadınlar ona sahip olduğun için seni kıskansa bile, yüreğin soğuk, vajinan kuru kalıyor. Önceki zamanları mı hatırlıyorsun? Ama açık ki, ebediyen âşık kalınmaz. Lütfen şimdi bir de, niye olmasın, diye sorma! Sen bu kitabı bütün engellerinin üstüne gitmek istediğin için, güçlü erkeklerin ya da ne bileyim, daha hırslı diğer kadınların elinde nasıl kendi isteğinle bir alet haline gelebileceğini öğrenmek için okumaya başladın.

Hayatta öylesine çok doyum var ki, bu illa da, sayısız mutluluk dalgaları halinde akın eden orgazm olmak zorunda değil! Özürlü çocuklar için kaygı duy! Yaşlı insanları sevindir! Hep kendi erotizmini düşünecek kadar bencil ve bayağı olma! Ve bana inan ki, eğer gerçekten kendi erotik doruklarının arayışına girdiysen diğer şeyler için pek zamanın yoktur, bu senin yaşamını kökten değiştirecektir, benimsediğin gündelik alışkanlıklarından tiksinti duyarak vazgeçeceksen ve belki de bütün kutsal, rahat ya da en azından güvenceli yaşamını elinin tersiyle iteceksin.

O zaman senin vergi beyannâmelerini kim dolduracak? Kim sana güvencede olduğunun rahatlatıcı duygusunu verecek? Yalnız olmadığın duygusunu kim sana aktaracak? Kim sana arada bir pazar günleri kahve pişirecek ve yatağına getirecek (seninki yapmıyor mu? Oooo...) Birbirimizi anlıyoruz: Tüm bunlardan vazgeçmek istemiyorsun. O senin yaşamın olduğu için, kendi sistemi içinde senin yaşamını emip bitirdiği için ona ihtiyacın var; ve ben kendi evrenini yeniden sağlığa kavuşturmanın ve kapamanın ne kadar zor olduğunu biliyorum. O halde: sen bunu asla başaramayacaksın.

Bu durumda, bastırılmış şehvetin dünyada, kıskançlığa, fesatlığa, korkuya, bozguna, depresyona dönüşebilen en büyük enerji kaynağı olduğunu unut. Kendine oyalanacak bir şeyler bul. Fazla hayal kurma. Çünkü bazen hayallerde beklenmedik ölçüde infilak gücü barınır, hele sen hayallerine fazla sarılmışsan gerçekleşebilir hale gelirler. Bana inan, senin öylesine hayal ettiklerini başkaları çoktan denedi! Beni kendine örnek alma! Ben kızımla beraber yaşıyorum, zevkimi dizginlemiyorum, bana engel oldukları anda tabuları yıkıyorum, istediğim zaman seviyorum ve yarının bana neler getireceğini bugünden dert etmiyorum. Böyle bir şey ister misin? Eh, o halde!

Düş dünyanı gerçeklik ölçülerine indirge. Seni aile hayatı içinde destekleyen ve teselli veren kadın dergilerini oku. Eğer *Elle* kadar uyumlu bir kadın dergisinin dahi (örneğin 90 senesinin Mayıs sayısında) kelimesi kelimesine şunları bastığını düşünürsek bu dergileri okumak da artık o kadar kolay değil: "(Erkekler), kendilerinin her zaman çok erken orgazm olduklarını, en yüksek zevki getirmesi gereken boşalmanın büyük hayal kırıklığı yarattığını bal gibi bilmektedirler. Bütün bu kahramanca manevra tepeden tırnağa korkunun istila ettiği bir mücadeledir. Erkekler kendi güçsüzlüklerinin bilincinde oldukları zaman daha da saldırganlaşıp, şiddete meylederler. Erkekleri kadın bedeninin manzarasını seyrederken hayran bırakan şey, kadının cinsel organının mütevazı işleviyle sınırlı kalmayan bambaşka bir erotik kayıt mekanizmasını fark etmeleridir", diye yazıyor "Stella". Yaa, hanımlar, bunları biliyor muyduk? O halde böyle yazıları okuma. Kendini elişi ve yemek tarifleri köşesiyle, mülteci sorunlarıyla, moda ve güzellik yazılarını okumakla sınırla ve haddini bilmez duruma geldiğini hissettiğinde aynaya bak. Karnında fazla yağ birikmemiş mi? Hem bacakların da kısa, yüzün eğri, ya dişlerin! Saçların çok ince, göğüslerin fazla iri / fazla küçük / fazla gevşek. Kendine iyice bir bak! O zaman ideal ölçülerden ve görünüşten çok uzak olduğunu kabul edeceksin. İyisi mi bu durumunla öylesine hoş bir erkekle beraber olduğun için sevin. Pek çoğunun hayalini kurduğu şeyi sen başarmışsın, o halde içini kemiren duygulara niçin daha fazla boyun eğesin: Çitin ardında ne olabilir? ...Kimbilir orada nelerle karşılaşabilir, ne kadar mutlu olabilirdin?

Tanıdığın bütün kadınlara sor. Hepsi şunu onaylayacaktır: Dert yaşamın bir parçasıdır, sevgi, sınırsız coşku ve zevkten çok yalanla, darbelerle ve dürtülerle uyum sağlar. Sana, yoluna giderken sınırlarını her gün hatırlatacak, İncil'den eski bir deyiş söyleyeyim:

Eğer mükemmelse, altında zahmet ve emek yatıyordur. Büyükannemin mezar taşına yazılıydı bu. Gelgelelim annem, artık hepimizin istisnasız, böyle bir deyişin altına uzanıp öylece çürümeyi bekleyemeyeceğimizi düşünüyor.

4.

çözüm

Yanıt 1 iyi. Artık kitabı okumaya devam etmene gerek yok, çünkü cinsel enerjini daha yüksek bir şekle dönüştürmeyi öğrenmişsin.

Yanıt 2 gerçekçi, ama 3 gibi biraz can sıkıcı. Neyse önemli değil. Daha sıkı çalış.

Yanıt 4: Bunu aklından bile geçirme! Eğer bütün kadınlar senin gibi düşünecek olsa dünya nüfusunu nasıl 10 milyara çıkarırız.

5: Sakın, Nina Hagen'in yaptığı gibi, bunu herkese ilan etme!

6 ve 7: Bunlar kadınlara gerçekten iyi gelen yöntemlerdir. Sonrasında da vicdanın rahat olur.

8: Ben de gelebilir miyim?

5.

test

Bir grup kadın ve erkek arkadaşınla beraberken senin çok iyi bildiğin bir konuda tartışma çıksa, konuyu tek bilen sen olduğun halde dediğini dinletemesen, hatta saldırganca tartışmakla suçlansan nasıl bir tepki gösterirsin?

1. Gözyaşlarına boğulurum.

2. Kendimi kabul ettiririm ve öfkelenirim.

3. Sakin ve rahat bir şekilde kendi görüşümü kabul ettirmeye çalışırım.

4. Tartışmanın pek anlamı olmadığını düşünüp geri çekilirim.

5. En büyük rakibimin suratına bir bardak bira dökerim, ayağa kalkarım ve çekip giderim.

6. Kimsenin hiçbir şey bilmediğini haykırır ve aşırı sinirlenirim.

7. Gittikçe sessizleşirim ve yavaş yavaş sarhoş olmaya başlarım.

5. bölüm

Fazla atılgan olma. Geri çekil. Henüz bir çatışmayı atlatabilecek yeterli güce sahip olmadığını kendi kendine rahatlıkla söyle.

Bu bölümde kadınların nevraljik bir noktasına değiniyoruz: zayıflıkları. Bir Alman şairin alenen söylediği gibi: Zayıflık, senin adın kadındır. Alıntılar hakkında pek bilgim yoktur, ve uygun alıntıların derlendiği bir başvuru kitabına da sahip değilim, ama bunları, düşünebildiğimden bu yana birtakım adamlardan duyuyorum. Tam da konunun üzerindeyken, neyin kadınca, neyin erkekçe olduğunu şöyle bir düzene sokmak yerinde olur, çünkü bu, herhalde en önemlisi olan şu kural için önkoşuldur: Geri çekil.

Kadınca olan: zayıftır, karanlıktır, alıcıdır, kabule hazırdır, olumsuzdur, gecedir, aydır, yumuşaktır, pasiftir, ürkektir, akıcıdır, narindir, güzeldir, tatlıdır. Erkekçe olan: güçlüdür, aydınlıktır, zorlayıcıdır, talepkârdır, olumludur, gündür, güneştir, serttir, aktiftir, öne çıkandır, sağlamdır, dengelidir, köşelidir, keskindir ve acıdır.

İstediğimiz tanımı seçelim: örneğin, sert. Bir erkek sert olmalıdır, yoksa erkek sayılmaz. Duy da inanma. (Erkek, erkek olmayı başarabildiği sürece erkektir, kadınsa hayatı boyunca kadın. Kadın hareketinin eski bir deyişi.) Buna karşın bir kadın yumuşak olmalıdır, bedeni bir manzara gibi, duyguları yumuşak ve kabul edici olmalıdır. Eğer böyle değilse, gerçek bir kadın sayılmaz.

Gerçi Afrika'dakiler başka türlü düşünüyorlar, oradaki çocukların çoğu, bir kadının göğüsleri, vajinası ve küpeleri varsa kadın olduğunu söylüyorlar. Fakat senin için önemli olan bizim uygarlığımızın kurallarını tanımaktır, ki fazla ileri gitmeyesin.

Kadın zayıftır yani. (Afrikalı bir kadın arkadaşım Claire, sizde çocukları erkekler mi doğuruyor yoksa? diye soruyor) Şimdi kalkıp da bana ev işinin ağır olduğunu, alışveriş torbalarını taşımanın ağırlık kaldırma çalışmasına benzediğini, günümüzde kadınların çifte, hatta üçlü yük taşıdığını söyleme. Kadınlar buna rağmen zayıftır, inan bana. Kadınlar zayıf olmalılar ki erkekler güçlü olabilsin. Kadınlar yumuşak olmalı, yoksa erkekçe sertliğin hiçbir değeri kalmaz. Kadınlar karanlıktır, gizemlidir -gün gibi açık değillerdir-. Kadınlar vermez ve talep etmez. Kadınlar alır ve nereden geldiğini, nasıl oluştuğunu sormazlar. Kadınlar sabırlıdır ve aktif değildirler, çünkü aktif olmak erkekçe bir şeydir. Kadınlar erkekleri teşvik etmek, destek vermek, güçlü erkeklerinin yanında yer almak ve oradan etkili olmakla yetinirler. Bu modası geçmiş bir şey değil, gerçek bu. Her başarılı erkeğin arkasında on kadın vardır, her başarılı kadını ise geri kalan bütün kadınlar arkasından çekiştirir-pardon, bunu söylemenin gerçekten de yeri değildi-. Kadınların kendi sınırlarını tanımalarının niçin önemli olduğunu sana açıklayabilmek için birkaç örnek vereceğim:

Maggie'yi tanıyorsun, Demir Leydi, taş gibi katı bir erkek Fatma, her türlü kadınca çekicilikten yoksun itici, tiksinç bir politikacı. Şimdi onun, aktif politikacıların %80'inden daha kötü olmadığını söyleyebilirsin, ama işte onu bu kadar kötü yapan: Bir kadın olması ve hepimizin adını kötüye çıkarması. Sosyal statüleri zayıf olanlar için çaba göstermedi, yoksulları ezip geçti ve sadece zenginleri destekledi. Evet, diyeceksin şimdi, Maggy zaten muhafazakâr, aşırı sağ eğilimleri olan faşizoid bir politikacıydı, ben de, hayır, diyorum, duruma politik açıdan bakma, cinsiyet açısından gör: o bir KADIN. Kimseye pervane olmadı, kimsenin etrafında dönmedi, savaşlar başlattı. Bana inan ki, bu dünyanın bütün savaşları bir şekilde haklı çıkarılacaktır, ama Falkland savaşı asla, çünkü onu başlatan bir kadın. Dünya tarihinde birisini ortadan kaldırmaya cesaret eden kadınlar kıyamet gününe kadar akıllarda kalacaklardır. Hem niye olmasın: aynı şeyi yapan erkekler için arşivler, kâğıtlar yetmez. Erkek katilleri değil kadın katilleri aklımızda tutarız. Kadın katiller müebbet yerken, erkek katiller serbest bırakılır, çünkü onları anlamak kolaydır, ne de olsa erkektirler. Şiddete başvuran bir kadını anlamak mümkün müdür ki? Bu aykırıdır, bu kadınca değildir. Böyle bir şey olamaz.

Sonraki kuşaklara cadı diye yakılan 9 milyon kadın değil, cinsel sapkınlıkları alışkanlık haline getirmiş olan "azgın cadı"lar sergilendi. Resmi tarihçiler katil kralları ve imparatorları değil, atlarıyla cinsel ilişki kuran Rus çariçesi Katharina'yı kınadılar.

Bana hak vereceksin: Bu kadarı da fazla. Dikkat et, sınırını aşan o küçük adımı atma. Rolünün dışına çıkma ki, yanlışlıkla "kapan"dan düşmeyesin. Pastalarında kullandığın nişastayla yetin bu kelimenin başka içerikleri de olduğunu unut.*

Sana iyi bir önerim var, geri çekil. Fazla ukalalaşmamak için, küçük şeylerden başlamanın ne kadar önemli olduğunu görebilmen için kurmaca bir gündelik akışı birlikte yaşayalım.

Sabahleyin bedenin belki de uykulu bir taarruzla karşılaşacak. Dün akşam hiçbir şey yolunda gitmediği için buz gibisin. Belki de uyandığın andan beri o nefret ettiğin, korktuğun, senin bedenine, senin dünyana yapılan müdahaleyi beklemekteydin. Belki köşeye büzüleceksin. İçinde her şey kapanacak, kapılarını kolayca kapatabilen bir midye gibi olmak isteyeceksin. Ve işte bu kadar. Ama hayır, boyun eğ, yumuşa ve sevecen ol, aslında söylemek istediğin şu: canım istemiyor, kokuyorsun, bana tiksinti veriyorsun, bas git. Bunları söyleme. En azından daha incelikli bir şekilde kaçmaya çalış. Kafasına bir tane indirme.

Belki de kahvaltıda tartışacaksınız. Günü programlayacaksınız ve sen haksızlığa uğradığın, kullanıldığın duygusuna kapılacaksın. Kavgadan kaçın! Kavga eden kadınların ne kadar itici olduğunu yine mi unuttun? En dâhi filozofu bile çılgınlığın eşiğine getiren Xanthippe'ler!** Sen daha akıllı ol. Boyun eğ. Kendine hâkim ol.

Bunun için her yerde antrenman yapabilirsin: Alışveriş yaparken sana kötü bir mal verildiğinde, sesini çıkarmadan kabul et, eve gidince atarsın. Onların da birine satılması gerekiyor herhalde, bir de skandal yaratmak, bu da ne demek! Kasada ödeyeceğini aldıklarından fazla hesapladılar, sus ve git. Arkanda o kadar uzun bir kuyruk varken her şeyi tekrar tek tek hesaplatmak ne kadar utanç verici! Herkes nasıl da gözünü sana dikip bakar. Sonuçta da sık sık

---

* *Stärke*, kelimesi Almancada hem nişasta hem güç anlamı taşır. (ç.n.)

** Xanthippe Sokrat'ın karısıdır; bu sözcük aynı zamanda kavgacı kadın anlamında da kullanılır. (ç.n.)

olduğu gibi sen hatalı çıkarsın. En iyisi çeneni tut, yut ve çek git. Öğlen belki bir yerde kahve içmeye ya da ufak tefek bir şeyler yemeye gideceksin; getirdikleri krema ekşimiş. Mesele etme, böyle şeyler olur. Satın alınan şeylerin ambalajları evde dağ gibi birikiyor, yiyecekler sağlıklı değil, çocukların okulu için belli kitapların, giysilerin alınması, bağışların ödenmesi, daha kimbilir neler lazım. Sen farkında olmasan da, çok yakında patlamak üzere olsan da, her şeyi halletmenin, göğüslemenin, iyi etmenin, düzeltmenin, her türlü tersliği dengelemenin, her haksızlığa müdahale edip işleri tekrar yoluna koymanın hep annelere kaldığını düşünsen de, bunları kabullen. Bu senin işin, senin görevin. Bu kadınca bir şey. Kadınlar gözyaşı selleriyle bu dünyanın pisliğini yıkarlar. -Kızılderili atasözü-. Kadınlar iyileştirir, kadınlar teselli eder. Dayatan, bağırıp çağıran, terslenen, protesto eden, rahat vermeyen, hataları, eksiklikleri, tahrikleri ortaya çıkaran ve teşhir eden kadınlardan kim hoşlanır ki. Bu işi nereye götürür? Haklısın: deliliğe. Kadınların bu çaresiz öfkesi zaten şimdiye kadar kabul edilebileceğinden de fazla zarara yol açtı. Suçluya pek dikkat edilmez, bu göze batmayacak kadar alışılmış bir şeydir, tersine çektiği acıyı yutmayı kabul etmeyip zıvanadan çıkan kadın göze batar. Neredeyse suç unsuru oluşturan politika tarzı ilgi çekmez, ama bu yüzden keçileri kaçırıp bu politikanın önde gelen herhangi bir temsilcisini öldürmeye kalkan kadın teşhir edilir. Bütün bunlardan senin için çıkacak tek sonuç: Ailede olsun, iş hayatında olsun, kadın dengeleyici unsurdur, uyumu sağlar, kavgacı horozları barıştırır, anlayışlıdır, sevgi doludur, her zaman dikkatlidir. Eğer böyle olmazsa sansasyon gazetelerimizin çok iyi bildiği bir cürüm işlenmiş olur: Rolünü oynamamak.

Sen bunu istemiyorsun, o halde en küçük alanda bile kendini geri çekmeye alış. Her zaman düşünceni belirtmek zorunda olacak kadar önemli değilsin. Geri çekil, üstüne düşeni düşün ve aslında haklı olanın sen olduğunu bilerek zaferini sessizce yaşa. Fakat rica ederim, bunu her zaman söyleme. Durmadan, ben zaten biliyordum! Ben zaten biliyordum!, diyen bir kadından daha kötü bir şey yoktur. Senden beklenen daha ziyade, sadece başkalarının nerede hata yaptığını görmen değil, aynı zamanda onlara hissettirmeden, bu hatayı düzeltmek için sessizce müdahale etmen ve bütün yapıyı kurmandır.

Ama o zaman da çok fazla şey üstlendiğini söyleyerek itiraz edeceksin. İyi ya, tepe takla olmak üzere olan bir şeyi kurtarmış olduğunu görmek de tatmin edici değil mi? Başkaları övgüleri toplarken sen geri planda kalırsın, hafifçe gülümseyerek kendi kendine şöyle dersin: Bu zaten benim görevimdi. Ve bunları yaparken de hiç kimsenin canını sıkmamışsın. İşte gerçek kadınlık sanatı!

5.

çözüm

Yedinci dışında bütün olasılıklar bu kitabın anlayışı açısından yanlıştır. Sadece 7. olasılık seni sonuçta varmak istediğin noktaya götürür: aşağıya, aşağıya, aşağıya.

6.

test

Bir kültür toplantısında bir yazarın konuşmasının spontane olarak çevrilmesi gerekiyor. Sen aslında söz konusu dili çok iyi konuşuyorsun ve çeviriyi sorunsuzca yapabilirsin. Birisi oradakilere soruyor: "Çeviriyi hemen yapabilecek kimse var mı?" Nasıl bir tepki gösterirsin?

1. Saklanır ve o kadar iyi yapamayacağını düşünürsün.

2. Yüzün kızarmış, kalbin çarparak çeviriyi yapacak birinin bulunmasını beklersin. Sonra yapılan çevirilerin berbat olduğunu düşünüp niçin cesaret göstermedin diye kendine kızarsın.

3. (2.) gibi. Sonra ayağa fırlar ve çeviriyi yapanın hatalarını düzeltirsin.

4. Çeviriyi yapabileceğini belirtirsin, ama kekeleyip durursun.

5. Arkadaşlarının seni önermesini sağlarsın ve o dili iyi bilmeni o kadar övdükleri için kendini naza çekersin.

6. Ortaya çıkmazsın. 2. durum oluşur. Sonra diğer arkadaşlarınla birlikte yapılan çevirinin ne kadar kötü olduğunu, her şeyin mükemmel ve hatasız olacağından emin olmadıkça kendinin böyle bir şey yapmayacağını söyleyerek çevireni eleştirirsin.

7. Söz alırsın, çeviriyi sorunsuz bir şekilde yaparsın ve takdir edildiğin için sevinirsin.

6. bölüm

Kendine hiçbir konuda güvenme. Diğer herkesin senden daha becerikli olduğunu, yeterli deneyime sahip olmadığını ve zaten söze karışacak düzeyde olmadığını bil.

Gayet iyi biliyorsun. Senin düşündüğün gibi. Düşünüyorsun. Öyle değil miydi, senin bildiğin gibi! Yoksa? Hımm? Böyle mi? Yoksa başka türlü mü? Bunu öğrendiğinden beri o kadar zaman geçti ki. Ve konuşmacı da çok formunda biri. Şimdi kalkıp da bir şey söylersen kendini gülünç duruma düşürürsün. Çeneni tut. Tam da iyi bilmiyorsun, değil mi? Şöyle bir düşünecek olursan sen aslında hiçbir şeyi tam bilmiyorsun...

"İyi ama sen bunun eğitimini gördün!" "Evet, doğru, ama biliyorsun, aradan o kadar uzun zaman geçti ki". "Niye bu alanda bir şeyler yapmayı denemiyorsun?" "Efendim! (acı bir gülüş), Bilmiyor musun ki aynı şeyi kaç kişi deniyor? Niye kalkıp da bana iş verecekler sanki. Ayrıca böyle bir şey için yeni baştan eğitim gerekir. Kendimden tam emin olmadıkça niye tehlikeye atılayım. Benden daha bilgili olan yeterince insan var ortada." "Böyleleri her zaman var, değil mi?" "Evet, elbette, ama yine de bana göre değil böyle girişimler."

Bir arkadaşımla aşağı yukarı böyle bir konuşma yapmıştım. Alayla gülerek aslında benim böyle bir kitap yazmam gerektiğini söyledi. Tabii, dedim, zaten yapacağım. Başarısızlık ve tepe takla olmak konusunda senin aklından geçiremeyeceğin kadar çok şey biliyorum, dedi düşünceli düşünceli. O halde kitabı sen niye yazmıyorsun, diye sordum. Tahmin et, diye sırıttı. Evet, o başaramaz. Kendine güvenmez. Bu konuda benden fazla bilgiye sahiptir, ama bir şeyler eksik kalabilir düşüncesiyle cesaret edemez.

Bu belki de dünyanın, rakipleri bertaraf etmede kullanılan en eski hilesidir. Onlara şu duyguyu ver: Gerçi bir şeyler biliyorsun, ama, hah, (yorgun bir gülümseme) kendini göstermek için yeterli değil. Kadınlar bu stratejiyle en fazla kendilerine ait olan alanlardan bile sürülmüşlerdir, hatta erkeklerin asla üstlenemeyecekleri alanlardan bile. Örnek olarak doğurmayı alalım. Bugüne kadar hiçbir erkeğin doğurmadığı, doğurma duygusunu yaşayamayacağı ve herhalde, tanrıça böyle istemiş, hiçbir zaman da doğuramayacağı konusunda hemfikiriz. Ve buna rağmen bugün bu ülkede hiçbir kadın, her şeyi daha iyi bilen, doğum sırasında yerçekimi kurallarını unutan ve kadını bebeği yukarı doğru çıkacak şekilde doğurtan -bunun fazlasıyla zor olduğunu bir çocuk bile tahmin edebilir ve ben bunu size onaylayabilirim- bir erkek yanında olmadan kurallara uygun olarak doğuramaz. Erkekler, onlara sorsan ya da sormasan da âdet görme, kadın orgazmı, anneler ve kızlar, emzirme ve sütten kesme hakkında her şeyi anlatırlar. Hiçbir şey bilmeseler de düpedüz her şeyi bilirler. Onlara niçin inanırız? Çünkü bilgiçlik taslamasını bilirler.

Kürtajı alalım. Erkeklerin büyük bir bölümünün, özellikle de kritik durumlarda, ne çocukların yetiştirilmesi ne de bunun mali yönünü fazla üstlendiklerini biliyoruz. Papa'nın doğum kontrol hapı kullanmak zorunda olmadığını ve ihtimal prezervatife de ihtiyacı olmadığını biliyoruz, çocuk büyütmediğini ve bunun ne anlama geldiğini bile bilmediğini biliyoruz. Bu dünyadaki bütün politikacıların, o da çocuk sahibi olduklarını kavramışlarsa, neredeyse çocuklarının yüzünü bile görmediklerinden ve çocukların annelerine "anne, yılda iki kere elinde evrak çantasıyla bizim evden çıkan o bey de kim allahaşkına?" diye sorduklarından oldukça emin olabiliriz.

Politikacıların çocuklarını kendimize dert etmemize gerek yok, çünkü sadece mali açıdan sağlam bir güvenceye sahiptirler. Bizim dert edinmemiz gereken, bu erkeklerin ne aile politikası, ne de ev bütçesi ve giderleri konusunda hiçbir şey bilmemelerine rağmen kürtaj konusunda karar vermeleridir. Bu konuda asıl söz söylemesi gerekenler dişlerini gıcırdatarak evde oturuyorlar, belki ara sıra öfkeyle bağırdıkları oluyor, ama bu uzman kadınların pek azı, bilgilerini nihayet meslekleri haline getirecek yeterliliği kendinde görebiliyor.

Bu böyle olduğu için, arkadaşım, ne öğrenmiş olursan ol, yeteneklerin, olağandışı özelliklerin ne olursa olsun sana şunu öneriyorum: Gerçekten formda olup olmadığını kendi kendine sor. Bilginden tamamen emin bile olsan. Kuşkun başarısızlığa giden yolda en güvenilir yoldaşındır. Kafanda kurup durmak için kendini daima zamanında geri çek. Sakın olgunlaşmamış planlarını, iyice ölçüp tartmadığın sözleri kimseye söyleme. Yoksa ebediyen rezil olabilirsin, çünkü öyle bir toplumda yaşıyoruz ki, söyleyeceğin ilk söz yerine oturmalı, yoksa ikincisini bir daha edemezsin.

Bir düşün! Uzun zamandan beri iş hayatından uzakta olduğun doğru değil mi? En son ne zaman kitap okudun? Güncel olaylar konusunda ne zaman gerçekten doyurucu bilgi edindin?

Şimdi bana, bunu diğerlerinin de yapmadığını söyleme. Gazete ve televizyondan edinilecek bu yarım yamalak bilginin ilgini çekmediğini söyleme! Bütün bu basılı nesnelerin doğru olup olmadığından kuşku duyduğunu sakın söyleme. Bana bir bilimadamının diğerinden kopya ettiği keşifleri ve yalanları anlatma. Bütün bunlar olabilir, ama en azından kendilerini iyi temsil etmesini biliyorlar. O kadar iyi biliyorlar ki, ıspanakta demir olduğu hikâyesi elli yıl anlatıldı. Şaşıyor musun yoksa?

Hele duygularınla hiç gelme bana! Bunların seni nereye götürebileceğini elbette kendin de düşünebilirsin! Ciddi bir uzmana, ... duygusunda olduğunu söyle. Haklı olarak sana şaşkınlıkla bakacak ve belki de küçümsemeyle gülecektir. Kariyerinin sonu! Duyguların seni hiç yanıltmadı mı? Bir şey söylediğinde, diğerleri hep sana karşı da olsalar sonunda haklı olduğun mu ortaya çıktı? Bundan kime ne? Gerçek, esnek bir kavramdır, bilmiyor muydun? Söz konusu olan da zaten gerçek değil. Söz konusu olan tek ve biricik şey, yetişkinler, uzmanlar, ciddiye alınması gereken kişiler sohbet ederken, senin çeneni tutman gerektiğidir. Aman ha, kocanı rezil etme! İyisi mi sen şu güzel peynirli poğaçadan pişir, o zaman kimse sana bir şey diyemez! Sen öyle san! Kayınvalidem yaşamı boyunca kocası ve oğlu için yemek pişirmiştir. Yemekleri olağanüstüdür. Kırmızı şarapla pişirdiği tavşan insanı tıkınma cennetinin yedinci katına çıkarabilir. Fakat, aklına getirir miydin? Kocası emekli olunca -eskiden Alfa Romeo firmasında çalışıyordu ve hayatı boyunca sadece otomobil monte etti- birdenbire her şeyi daha iyi bilir oldu. Nasıl makarna pişirilir, sosu nasıl tatlandırılır biliyordu, soğan nasıl doğranır biliyordu. Kısacası hiçbir şeyden haberi olmamasına rağmen her şeyi daha iyi biliyordu. Kayınvalidem gayet mutsuz bir şekilde, sen de diğer bütün yaşlı erkekler gibi dışarı çıkıp, onlarla birlikte dolaşıp tartışarak beni mutfağımda rahat bırakamaz mısın, diye bağırıyordu.

Hayır, yapamazdı. Kadının başında dır dır etti, kepçeyi, tencereyi elinden aldı, onu mutfaktan attı, kadıncağız ölene kadar bildiği ve sevdiği ne varsa elinden aldı.

Bundan ne öğrenebilirsin? Kendini şimdiden, elinden gelen ve bildiğin ne varsa herhangi bir erkek uzmanın bunları senden daha iyi bileceğine ve yapacağına alıştır. Sakın ha, kendi işine sahip çıkacak kadar hırs gösterme! Bunun için yeterince güçlü değilsin! Mümkün değil başaramazsın! Ve şunu düşün: Her şeyi daha iyi bilen birisi daima olacaktır. O halde erkeğini aramaya başla ve çeneni tut.

6.

çözüm

Öncelikle söyleyeyim: 7. olasılığa hiçbir zaman kapılma. Hiçbir şey beceremeyeceğini, diğer herkesin senden iyi olduğunu ve eğer kendini tehlikeye sokmazsan rezil de olmayacağını günde üç kere düşün. En tehlikelisi ise rezil olman ve buna hiç aldırış etmemen olurdu. Bu kadarı artık fazla. Çok fazla.

7.

test

Bir iş arkadaşın istifa eder. Sen onun işini "geçici bir süre" için üstlenirsin. Tam o sırada bir başka iş arkadaşın sinirleri çok harap olduğu gerekçesiyle birkaç gün izine ayrılmak ister. Fakat aynı tarihler için çocuk yuvasında onarım yapılacağı da haber verilmiştir ve onarım işlerini velilerin kendilerinin bizzat yapması gerekmektedir. Nasıl bir tepki gösterirsin?

1. Kendi kendine, hayatta bazen her şey üst üste gelir deyip günde birkaç saat fazladan çalışırsın. İşten sonra yuvaya gidip duvarların badana edilmesine ve yerlerin döşenmesine yardım edersin ve sadece kadınların yardıma geldiğini saptarsın.

2. Hastalanırsın.

3. Yakınır, söylenir ve sonra her şeyi 1. şıktaki gibi yaparsın.

4. Çocuk yuvasındaki işlere yardım için kocanı / erkek arkadaşını / sevgilini gönderirsin, iş yerinde de bir yardımcı eleman almalarını kabul ettirirsin, böylece herkes karşısında biraz sevimsiz bir duruma

düşer ve her şeyi organize etmek için birkaç gün deli gibi koşturursun.

5. Birkaç gün izin almak isteyen arkadaşına onun işlerini üstlenemeyeceğini, yerine birisini bulması gerektiğini söylersin. Sonra yuvaya telefon eder ve bu seferlik onarım çalışmalarının sensiz yürümesi gerektiğini söylersin.

6. Sinir krizine girersin, bağırır çağırırsın, herkesin, her zaman, her şeyi senden beklediğini ve talep ettiğini, senin durumunu ise kimsenin dikkate almadığını söylersin.
7. Durumu görmemezliğe gelir, ne fazla mesai yapar ne de onarım çalışmaları sırasında ortaya çıkarsın. Bunun üzerine herkes seni güvenilmez biri olarak kabul eder.

7.
bölüm

Her şeyi sana yüklemelerine izin ver. Her şeyin sorumluluğunu üstlen. Sen olmadan hiçbir şey yolunda gitmez aslında. Bu bölüm özellikle kendi kendini sömürmeye yönelik kadın projelerinde çalışma düşkünlüğü gösteren kadınlar için uygundur. Ama ayrıca ev kadınlarıyla, ekonomi ve politika alanlarında çalışan kadınlara da uygun düşer.

Bir kadın tanıyorum, ilke olarak her şeyi kendisi yapar, çünkü aslında o her şeyi daha iyi yapar ve bunu başkalarına anlatana kadar da uğraşır... Bu kadını oldukça iyi tanıyorum, hatta şöyle bir düşündüğümde bu kadın belki de benim? Durum her halükârda şöyle: Kendi evinin işini tabii ki yapacaksın, bundan kaçış yok. Ayrıca iki projede birden görev almışsın, ve bir rastlantı olarak en fazla çalışmayı gerektiren görevleri üstlenmişsin. İnsanlarla tartışmasını iyi biliyorsun, eh o halde "şunu üstlenemez misin, sen bu işi çok iyi yapıyorsun".. Bir darboğazda bulursun kendini, A kişisi hastadır, B kişisi ortalıkta yoktur, C tatile çıkmıştır, geriye kim kalıyor? Elbette! Sen! Sen hasta değilsin, oysa şöyle bir düşünürsen, kendini bildiğinden beri belkemiğin ağrıyor ve üç haftada bir de sistitin kendini hissettiriyordur. Ama bunlar diğerlerinin durumu kadar kötü değil, öyle değil mi? Ayrıca sen diğerleri gibi çıtkırıldım değilsin. Senin bu özelliğini arkadaşların da çok takdir eder. Sen insanı yarı yolda bırakmazsın. Sahi, artık kim kimle yola çıkıyor ki?! Bir şey eksik mi, hemen seni ararlar. Özel bir şey mi yapılacak, hemen sana gelirler, çünkü sen her şeyden anlarsın. Asıl delilik, senin gerçekten her şeyden anlıyor olman. Ve bir insan senin kadar çok şey biliyorsa, diğerleri kaçınılmaz olarak, bir şey öğrenmeleri için gereken motivasyon olmadığından daha az şey bilirler. Her zaman her şeyin sorumluluğunu tamamen üstlenen biriyle mi beraber çalışıyorsun? O zaman mutlaka işten her gün tam vaktinde çıkıyorsundur, tatilinden vazgeçmiyor, sık sık fazla mesai yapmıyorsundur, ayrıca paraya ihtiyacın vardır ve o kimse ayrıca çocukların için de yardımcı oluyordur, doğru mu?

Sana böyle bir insana nasıl davranman gerektiğini söyleyeyim; -ve bana inan, kural olarak, ya da istatistik açıdan ifade edersek, bu tür insanların %90'ı kadınlardır-: Böyle kimselere kendileri olmadıkça çaresiz kaldığın duygusunu vermelisin.

Canın belli bir işi yapmak istemiyor mu, ona hemen o işi o kadar iyi halletmesinin hayranlık verici olduğunu söyle yeter. Karşısında biraz sızlan, hem vicdanını etkilersin, hem de senin zayıflığın karşısında kendisini üstün görmesini sağlarsın ve senin yerine her şeyi üstlenir.

Elinin ne kadar uğurlu olduğunu söyleyerek çocuklarınla, kedinle, köpeğinle, çiçeklerinle ilgilenmesini iste, yapacaktır.

Para işlerini çekip çevirmekteki becerisini öv, senin vergi beyannâmelerini dolduracaktır.

Ne kadar leziz reçeller pişirdiğinden söz et, senin için de pişirecektir.

Kendi diktiği şık elbiselerden takdirle bahset, senin için de bir şeyler dikecektir.

Ağzına bir parmak bal çal, diğerlerinin havaya, besine ihtiyaç duyduğu kadar onun yaşamak için takdire ihtiyacı olduğundan bunu fark etmeyecektir.

Zaman zaman bunca sorumluluğun kendisine çok fazla geldiğine değinir. Bunca şeyin altından nasıl kalkacağını bilemeyecek noktaya geldiğinde de evinde gözyaşlarına boğulur. O sırada telefon çalar: Projenin para yardımını kestiler. Durum gerçekten acil. Bu kadar acil olmasaydı kesinlikle aramazdım. Durumu biliyorsun... Sen de tüzük yok muydu? Nerede olduğunu bilmiyor musun? Lütfen, bir ara, bu madde tüzükte olmalı...

Aslında yazması gereken mektuplar vardır, kızlarının yazdığı kompozisyonları okuyacak, onlarla biraz tembellik yapacak ve onları yatıracaktır, çamaşır yıkayacaktır, ama o ne yapar? Tüzüğü bulur çıkarır, ilgili maddeyi de bulur, etkileyici bir mektup kaleme alır. Telefon çalar. Yahu, ...'nın telefon numarası sende yok muydu? Hayır, sorun ne? Ah, biliyor musun, ev sahibim komik bir mektup göndermiş, bizi evden çıkaracağından korkuyoruz. Bana bir okusana. Lak lak lak lak lak. Ah, bu mu, ev sahibin aslında hiçbir şey yapamaz, biraz bekle, hemen kira yasasını getiriyorum.

Bütün akşam böylece ölür, kira yasasından, trafik hukukuna, oradan gençlik dairesinin yönetmeliğine geçilir. Bir kadın telefon eder ve kolay doğuma ilişkin bir şeyler sorar. Bir arkadaşı kaçınılmaz kelimesinin İngilizce karşılığını öğrenmek ister. Ve böyle devam eder.

Günler akıp gider. Bazı randevuların uyarı mektupları gelmiştir bile. Artık kaynama noktası yaklaşmaktadır. Her şeyi kendi üstlenen kadın birdenbire, neden her şeyi ben yapmak zorundayım, dünyanın bütün sorunlarını çözecek olan ben miyim sanki?, diye bağırmaya başlar. Hayır, der yumuşak bir ses, ama sen kendin her şeye dahil olmak, her şeyi halletmek istemiyor muydun? Niçin bir kere de, bu beni ilgilendirmez, lütfen sorunuzu kendiniz çözün, demiyorsun. Telefon numaralarını rehberden arayın! Hukuki sorunlar için avukatlar var! Ya da sosisçi kadın fıkrasındaki gibi: Bana on mark bozabilir misiniz? Hayır, ama karşıda banka var. Onlarla bir anlaşmamız var biliyor musunuz. Ben kimseye para bozmuyorum, buna karşılık banka da sosis satmıyor.

Her şeyden sorumlu olan bu kadın genellikle emeklilik döneminin başlarında ölmekten hoşlanır. Birdenbire yapacak bir şey kalmayınca öylesine bir sarsıntı geçirir ki yaşam gücü büyük bir hızla tükenir. Ama daha bu noktaya gelmeden bir de cinnet geçirme olasılığı vardır.

Kim kendine aşırı yüklenirse ezilir. O halde sana kendi yollarımdan birini önereyim: Kuvvetini asla toplayamayacağından emin olmak istiyorsan, bulabildiğin her şeyi kendi üstüne al. Çünkü o zaman kuvvetin bütün diğerlerinin çıkarları arasında ortak olarak bölünecektir, bir tek kendi payına bir şey düşmeyecektir. Bütün sorunlar için hazır olmak, herkes için ayakta kalmak, her şeyden sorumlu olmak gücünü tümüyle tüketmenin en kestirme yoludur. Özellikle de ağzın köpürerek sırt üstü serildiğin ve aniden üç kişinin birden senin işine talip olduğunu, sorunların nasıl da senin yardımın olmadan da çözüldüğünü, başka kaynaklardan da bilgi alındığını gördüğün zaman, senin yokluğunun bir boşluk yaratmadığını ve hatta senin durumunun ne kadar kötü olduğunu unuttuklarını parmağını kıpırdatamadan kaydettiğin zaman başarısızlığa giden en umut verici yolun bu olduğu konusunda bana hak vereceksin. Bir zaman gelecek niteliklerin takdir bile edilmeyecek, aksine, o kadar sıradan bir hale gelecekler ki, azalmaları eleştiriyle karşılanacak. Başkalarına yüklemeye kesinlikle cesaret edilemeyen şeyler sen söz konusu olunca gayet tabii karşılanacak.

O halde dikkat et: Başkaları hiçbir şey bilmez. Olayların aslını görebilen ve her şeyi en iyi yapan bir tek sensin. Düşüp kalana kadar bu yolda devam et. Sonuçta kadınların kaderi bu.

7.

çözüm

Kim ki diğer herkesten iyidir, daha fazla bilir ve her yerde hazırdır, o zaman 2., 3, 5. ve 6. şıklardaki gibi hassas olmamalıdır. İlerlemek isteyen daha sıkı çalışmak zorundadır! Hem ayrıca bana badana yapmaya gelebilirsin...

8.

test

Bir kadın arkadaşın sana kendi yazdığı şiirleri gösteriyor. Sence berbat. Şunları söylersin:

1. "Hımm, ne yazık ki ben şiirden pek anlamam."

2. Samimi düşünceni belirtirsin. Bunun üzerine arkadaşın kırılır ve bir daha seninle konuşmaz.

3. Çok beğendiğini söylersin.

4. Şiirleri olağanüstü bulduğunu söylersin ve arkadaşın daha sonra kendisiyle dalga geçtiğini öğrenir.

5. "Niye yemek tarifleri yazmayı denemiyorsun."

6. "Bunları mutlaka bir yayınevine göndermelisin."

8.
bölüm

Dürüst olma. Sonuçta bu sadece sorun yaratır.

Doğru olabilecek her şey, aynı zamanda yalan da olabilir. Bir kaç örnek:

– çok lezzetliydi.
– hayır, içeri gel, hiç de rahatsız etmiyorsun.
– bu elbise sana çok yakışmış.
– seni hâlâ sevdiğinden eminim.
– ev işleri benim için hiç önemli değil.
– ailemle mutluyum.
– kilolu değilsin.
– saçların hiç de az değil.
– bu pantolon seni şişman göstermiyor, gerçekten.
– harikaydın.
– seni seviyorum.
– rastladığım en iyi âşıksın.
– hayır, böyle iyi, fazla hızlı değil.
– hayır, canım yanmıyor.
– dişçiden korkmam.
– hayır, arkadaşlarını da çağırman benim için fark etmez.
– tabii, spor programını izleyebilirsin.
– onu anlıyorum.
– hayır, hayır bunu ben de severek dinliyorum.
– elbette geri dönecek, seni mutlaka çok arıyordur.
– şimdi kiminle olduğunu hiç bilmiyorum.
– sana kesinlikle sadık.
– seni çok iyi anlıyorum.
vs.

Eğer bütün bu cümleler yalan olmuş olsaydı, doğru cevaplar aşağı yukarı şöyle olurdu:

– gerçi epey çaba gösterdiğin belli oluyor ama, yemek pişirmeyi bilmiyorsun.
– kaybol karşımdan, bir sen eksiktin.
– bu elbisenin içinde beline kuşak sarmış bir sosis gibi görünüyorsun.
– birincisi, seni sevip sevmediği beni hiç ilgilendirmiyor, ikincisi, eğer sana böyle davranıyorsa artık sevmediğinden eminim.
– ev işinden nefret ediyorum / ev işi beni öldürüyor / sinir bırakmıyor.
– zaman zaman bir ailem olması o kadar önemli mi? diye soruyorum. Sonuçta hepsi benim enerjimi tüketerek yaşamıyorlar mı?
– epeyce şişkosun, ama önemli değil. Rahatsız etmiyor!
– tek sorunun saçlarının az olması.
– gerçi bu pantolon seni şişman gösteriyor, ama severek giyiyorsan yine de giy. Niye bana soruyorsun ki?
– seninle biraz yorucu oldu. Ama şimdi sana bunu açıklarsam hemen kavgaya başlarız yine.
– açık konuşmam gerekirse sevginin ne olduğunu pek bilmiyorum.
– elinden geleni yapıyorsun.
– sok, çıkar; sonra da tutmuş çok hızlı mı, diye soruyorsun.
– ah, canım yandı!
– dişçiden ödüm kopar.
– arkadaşlarını sakın getirme!
– aptalca sorular sorma. Spor programından ne kadar sıkıldığımı biliyorsun.
– anlayış göstermeye çalışabilirim, ama yavaş yavaş, niye, diye kendime sormaya başlıyorum.
– bu müziği duymaya artık tahammülüm yok!
– kafana sok artık! O gitti. En iyisi buna alış ve bağımsızlaş.
– onlar sen daha öğrenmeden önce de çoktandır beraberdi. Ama ben bunu sana şimdi nasıl anlatayım?

– sadık! Bu da ne demek oluyor.
– seni anlamıyorum ve artık anlamak da istemiyorum.
vs.

Yalan söylemek ilk bakışta başarısızlık için garantili bir araç değilmiş gibi görünüyor. Sana elbette hak veriyorum, hemen hemen bütün ünlü politikacılar, ekonomi dünyasının önde gelenleri vb. durmadan yalan söylerler ve buna rağmen başarı kazanırlar. Fakat bir düşün: Sen bir kadınsın. Ve yalan söylerken günün birinde mutlaka sana köstek olacak şu üç önemli noktayı aklında tut:

1. Yalan söylemeyi kaldıramıyorsun, vicdanın sürekli rahatsız ve dürüst olmadığın için kendi kendini yiyip bitiriyorsun. Ahlaki çöküntüye giriyorsun ve böylece -seni tanıdığım kadarıyla- mutluluk ve başarı iddiaların da çöküyor.

2. Kime ne yalan söylediğini unutuyorsun ve bir an geliyor kendini ele veriyorsun. Daha beteri olamaz.

3. Daha da kötüsü: Benimki gibi bir kızın var. Telefonda eski "arkadaşlarıma", "aa, tabii gelin, sevinirim" demişsem ve ardından "bunlarla ne konuşacağımı bilmiyorum" diye yakınmışsam, daha sonra arkadaşlarla hararetli bir konuşmaya daldığımızda buz gibi bir ifadeyle şöyle söylüyor: "Onlarla ne konuşacağını şimdi biliyorsun ama." Ya da telefonu o açıyor ve bağırarak "anne, evde misin?" diye soruyor. Artık uygun değilse, "Hayır, evde yokum" demeye alıştım.

Cadılar, bu dikkafalı karılar, ayrıca yalan söylemenin ruhsal dengeyi bozduğunu iddia ederler. Sorun ahlak değil -cadılarda ahlakın izi bile olmadığını siz de zaten tahmin edersiniz- aksine korkaklıktır. Böylece, yaşamınla ilgisi olmayan, ama sonunda seni egemenliği altına alan suni bir dokunun içine gittikçe daha fazla gömülürsün. Korkaklığından ya da tembelliğinden yalan söylediğin için de her şeyi tekrar ayaklarının üzerine oturtmak ve yaşamını senin için önemli olan bir dengeye kavuşturmak için gereken gücü artık bulamazsın. Her konuda başarısız olmak için en iyi yol budur.

Bütün kadınların %60'ının tutturduğu yola sen de çekinmeden gir: Söyleyebileceğin her türlü yalanı gözünü kırpmadan söyle ve ağır ağır ecel terleri içinde boğul, çünkü her an birisi çevirdiğin dolapları sezebilir.

Fakat bir yalan türü bu başarısızlık reçetesinin kesinlikle dışında tutulmalıdır: utanıp sıkılmadan söylenen yalanlar. Elbette, bilinçli olarak yalan söylersen ve yakalanma olasılığını küstahça göze alırsan, hele bu arada kendine hepsi de zevk için ve çılgınlıklarından yalan söyleyen ve başkalarını kapana düşüren Trickster ya da Coyote kadını veya Yoruba tanrısı Eshu gibi eski yerlilerin ruhlarını örnek alırsan burunüstü düşeceğini sana garanti edemem. Bu durumda belki de en iyisi şansını poker masasında, borsada ya da antika müzayedelerinde denemendir. Eğer hile sanatıyla tanışmak istiyorsan bu kitap senin için doğru kitap değil. Bu durumda nasıl olup da bu bölüme kadar dayanabildiğini gerçekten kendi kendime soruyorum! Git işine bak ve başarılı ol! Sana ne kazandıracağını nasılsa göreceksin...

8.

çözüm

Sana bir şey söyleyeyim mi: Sen mutlaka bir yayınevi kurmalısın.

9.

test

Senin için çok önemli olan bir ilişki kopmuştur. Şöyle dersin:

1. Sahtekâr yılan karı. O mutlu ilişkimize burnunu sokması şart mıydı?

2. O kadar mutsuz bir çocukluk geçirmemiş olsaydım bana mutlaka daha fazla dęğer verirdi!

3. Kabahat annemde, beni ikili ilişkilere hiç hazırlamadı.

4. Anne yerine baba, 3'teki gibi.

5. Mutlaka bir psikanaliz/psikoterapi yaptırmalıyım.

6. Aman canım, sonuçta her ilişki biter. Gerçi üzüyor, ama nasılsa atlatırım.

7. Ona çok fazla yapışıp kaldım, her şey benim suçum.

8. Ne pahasına olursa olsun onu yeniden kazanmaya çalışmalıyım. Ve öncelikle de kimin suçlu olduğunu ortaya çıkarmalıyım!

9. bölüm

Suç başkalarında. Hep başkalarında. En kötü ihtimalle koşullarda. Ama sende değil!

Sen de birlikte düşündün ve şimdi artık bana tutarsızlığını kanıtlıyorsun. 2., 6. ve 7. bölümlerde aslında bunun tam tersini iddia etmemiş miydim? Kadınlarda çılgınca olan da bu ya. Bir yandan başarısızlığı, beceriksizliği, daha düşük nitelikleri hep kendilerine yakıştırırlar, yeterince güzel, yeterince değerli olmadıkları duygusunu taşırlar, diğer yandan çamurlu ve pis de olsa her zaman şu küçük çıkış yolu vardır: Aslında suçlu olan sen değilsin ki. Eğer sana bu kadar yanlış bir kimlik kazandırmış o kadar kötü bir annen olmasaydı bugün bambaşka bir yerde olurdun. Eğer uyumlu bir aileye sahip olmuş olsaydın! O zaman göreceklerdi! Eğer kilisenin çocuk yuvalarına gitmek zorunda kalmış olmasaydın! Eğer baban seni dövüyor/kötüye kullanıyor olmasaydı! İnan bana, seninle dalga geçmiyorum. Nelerden söz ettiğimin farkındayım. Benim gittiğim çocuk yuvası bir felaketti, babam bir seks düşkünüydü ve paramız da hiçbir zaman yoktu!

Ama ben gerçekten, 60 yaşına gelip de ailelerini hâlâ kabul edemediklerinden yakınan kadınlar tanıyorum.

Eğer aileni kabullenme düşüncesinden vazgeçersen, günün birinde çocukluğunun ortamını toptan bir yana kaldırıp özgür bir insan olabilirsin. Keyifle ve korkusuzca en olmadık kararları alıp bunları savunabilirsin. En rezil durumlara düşüp ee, ne olmuş yani? diyebilirsin. Bunu söylerken de kadınlar için hayati önemi olan, çok sık yapmadıkları için de bazılarının canını çok yakabilen omuz silkme hareketini yapıp aynı anda dudaklarını acıma dolu bir ifadeyle aşağı doğru kıvırabilir ve aşağı yukarı aynı anlama gelen

İtalyancadaki "Boh" sesini çıkarabilirsin.

Ama benim şu küçük bilimsel araştırmam mantığında sana tabii ki çok başka bir şey önereceğim: eğer bir şeyi başaramadıysan, keyfin yoksa, bir şeyi elde edemediysen, kabul ettiremediysen hemen suçluları aramaya başla. Her zaman bir suçlu bulunur, inan bana. Bu Katolik kilisesinin çok eskilerde eriştiği bir bilgidir. Dolu? Çocuk ölümleri? Açlık? Yoksulluk? Suç kimde olabilir? Papa'da olmadığı kesin. Politikacılar? Çok uzak. Evet, tabii: o burnunun ucunda et beni olan komşu kadın! Otlardan anlayan o yaşlı kadın! O hilekâr bakkal kadın! Yugoslav temizlikçi kadın! Türk gazete satıcısı kadın! Evsiz yurtsuz kadın! Çingene kadın! İşsiz, uyuşturucu bağımlısı kadın! Hırslı işkadını!

Şimdi bana bunun senin için bir çözüm olmadığını söyleme. Bu bir çözüm, bana inan. Bütün Batı Avrupa tarihinde bu çözüm işe yaramıştır. İstersen başka yerde ara: Az önce anlattığımız gibi çocukluğundan başla. Ama sonra gündelik yaşamını gözden geçir. Yıldızlarının durumu ne? Canın sıkkın değil bence, sadece Mars, senin burcundan transit geçmiş. Aslında sorumluluğunun yeterince bilincinde davranmamış değilsin, bu sabah tarot falında kötü kâğıtlar çekmişsin o kadar, böyle bir günden daha ne bekliyorsun ki!

Kadın arkadaşın seni ortada bırakmış! Bu kadar güvenilmez bir kocan olmasaymış! Çocukların kendi başlarının çaresine bakmaktan bu kadar uzak olmasalarmış! Eğer annen durmadan sana sızlanmamış olsaydı! Aklı başında bir eğitim görmüş olsaydın! Posta daha erken gelmiş olsaymış! Daha fazla paran olmuş olsaymış! Hep her şeyi kendin yapmak zorunda olmasaymışsın. Çocuğunun babası çekip gitmiş olmasaymış! Değil mi?

Burada bütün suçu bir kerede erkeklerin üzerine atma olanağımız da var. Sonuçta bütün suç erkeklerin olduğu için biz sonsuza kadar suçtan muaf sayılırız. Fakat bu durumda bile, suçsuz olduğumuz halde, mahvolmaktan kurtulamayız. Erkekler kendi cinselliklerini bize zorla kabul ettiriyorlar. Evde işlere yardım etmiyorlar. Kendi televizyon programlarını, boş zaman eğlencelerini, yazdıklarını, teknolojilerini, yıkıcılıklarını, dünya görüşlerini, düşüncelerini bize dayatıyorlar. Bize yardım etmiyorlar, bize kulak vermiyorlar.

Bize gerçek anlamda ilgi göstermiyorlar. Her zaman sadece kendi isteklerini kabul ettiriyorlar. Ailelerine zorbaca davranıyorlar. Saygı göstermiyorlar. Yalan söylüyorlar, aldatıyorlar, cimri ve tembeller. Bizim kendimizi geliştirmemizi engellerler. Şimdi anlatmaya beş dakika ara veriyorum, bu arada sen kendi kocanın, erkek arkadaşının, babanın cürümlerini sayabilirsin. Onlara karşı olan ve seni engelleyen bütün durumları sıralayabilirsin. Yaşamın boyunca önüne çıkardıkları bütün engelleri bana anlatabilirsin. Elbette seni dinlerim. Yeter ki sen anlat.

Evet. Zaman doldu. Şimdi umarım, aslında yapmak istediğin ve eğer ....olmasaydı yapabileceğin bütün şeyleri gerçekleştirememende kimin suçlu olduğunu anlamışsındır.

Eğer bu kitabın hedefine ulaşmak istiyorsan, bir paket kâğıt mendil al, bir mum ve melankolik kokular yayan bir tütsü yak ve yaşamını berbat eden koşullar üzerine kafa yor. Depresyonunun güçlü bir enerji olduğunu unutma. Depresyonun saldırganlık ya da girişim isteği gibi bir yönde dönüşmesine sakın izin verme. Her enerjinin dönüşebilir olduğunu kafana sokmalarına fırsat tanıma. Kendi kendine ihanet etme ve elinden geldiği ölçüde çaresiz, küçük ve pasif kal. O zaman kimsenin yoluna çıkmazsın, kimseyi kızdırmazsın ve eğer biri kalkıp günün birinde sana gerçekten şöyle iyi bir girişirse de en azından kimin suçlu olduğunu bilirsin: her halükârda bu sen değilsin.

9.

çözüm

Bu sorun için tek bir çözüm var: Kadın için hazırlanan magazin dergileri; kendini tıka basa sana yabancı duygularla doldur, yoksa belki sonunda yine konserve duygulara el atmak zorunda kalırsın.

oyun

I. Pes ettin. Tebrikler. Başlamak zaten zaman kaybıydı. Kendine bir T-shirt satın al, önünde: Here comes success (başarı burdan geliyor), arkasında: Here goes success (başarı burdan gidiyor) yazsın.

II. Seni etkileyecek hiçbir şey olmadı mı? Sana bir şey önereyim: Bir İngiliz atasözü A change is as good as a rest (değişiklik elde olandan iyidir) der. On kare öne geç ve sorumluluk gerektiren bir mevkiye yerleş. İşte bundan kazancın...

III. Tüh, sana başından söyleyebilirdim, en hızlılar her zaman tuzağa düşer. Kestaneyi kendileri için ateşten alacak bir kadın buldular mı herkesin kendinden geçerek üstüne üşüşeceği zaten belliydi. Sen bordaya çıktığında geminin çoktan yan yatmış olduğu hiç dikkatini çekmedi mi? Joker hanesine geç, kart çekerek şansını dene ve kendin için uygun olanı dile.

IV. Bir Mark'ım var mı, diye mi sordun? Elbette. Ne yapacaksın bir Mark'ı? Ah, müzik otomatı için. Umarım yakında kendi bedeninin müziğini ve ritmini keşfetmeyi başarırsın, o zaman bir Mark'a artık ihtiyacın kalmayacaktır.

V. Sen iyice kilo vermişsin! Oruç mu tutuyorsun? Gerçek mi? İlahi zenbudist hanım, benim için de oruç tut! Ee, nasılsın? Hedefine yaklaşıyorsun. Eline sağlık. Kitabın sonuna geldiğinde benden bir sertifika alacağını düşün. Cesaretinin elverdiği ölçüde öne çık.

10.

test

Bir komisyon sana bir projede kullanılmak üzere 250.000 Mark vermeyi kararlaştırıyor. Nasıl bir tepki gösterirsin?

1. Havaya zıplar, bir şişe şampanya satın alır, diğer kadınlarla birlikte parayı nasıl çarçur edeceğinizi düşünürsünüz.

2. Sevinirsin ve ciddi ciddi proje üzerinde çalışmaya başlarsın.

3. Lanet olsun, hangi proje?, dersin.

4. Hemen bir uzmana telefon açıp can sıkıcı para işlerinde yardımını sağlarsın, ücreti karşılığı tabii.

5. Projeyi, siz ücretsiz çalışmaya devam ettiğiniz sürece mümkün olduğunca uzun sürecek şekilde planlarsınız.

6. Yaptığın çalışmalar için önce kendine toptan bir ödemede bulunursun.

7. Projeyi başlatırsınız, katılan bütün kadınların parasını ödersiniz ve parasal olarak alabile-

ceğiniz diğer bütün yardımlar için gerekli yazıları yazıp gönderirsiniz.

8. Parayı proje uygulaması için bir politik örgüte devredersiniz.

10.
bölüm

Ah şu, başa dert para! Bu işten hiç anlamıyorsun. Parayı idare etmek kadınlara vergi değildir, bu yüzden de kadınlar ücretsiz çalışmalıdırlar.

Biliyorum, bir de tutup paradan bahsetmemi ahlaksızca buluyorsun. Paranın sözü edilmez, bu böyledir bir kere. Para kötüdür. Para kirlidir. Ve zaten bizim parayla bir sorunumuz olmaz.

Bir keresinde kadının biri bana "Kocamın eli açıktır," demişti, "ihtiyacım olan her şeyi alıyorum."

Bunun üzerine "Her ihtiyacını mı?" diye sormuştum inanmadan.

"Tabii, almak istediğim bir giysi olduğunda bana alır." demişti.

"Bütün ihtiyacın bu mu, bir giysi?"

"Evet, ayrıca ev masrafları ve kozmetik giderlerim için de para alıyorum."

"Bunu köleler bile alıyorlardı: Geçim, giyim ve bakım masrafları."

"İyi, daha başka ne versin ki bana, zaten kendi sahip olduğu fazla bir şey yok." demişti.

Kadınlar para işlerinden anlamaz, derler. Gerçek ise, senin de mutlaka bildiğin gibi, bütün özel ev bütçelerinin kadınların ince hesaplarla yaptığı ip cambazlığı sayesinde çöküşten kurtulduğudur. Sayısız ev kadını, işadamı kocalarının muhasebesini tutar. Sayısız kız evlat, aile işletmesinin defterlerini tutmayı üstlenir, çünkü hepimizin bildiği gibi, erkekler kadınlar kadar iyi hesap yapmayı ve tasarruf etmeyi bilmezler. Bunu erkekler tarafından idare edilen ve sürekli açığı olan kamu bütçelerinde de görüyoruz.

Buna rağmen: Kadınlar para işlerinden anlamaz. Bu eski ve geleneksel bir kuraldır ve biz de şimdi eski gelenekleri sarsacak değiliz ya. Kadınların parayı idare edemediğini, çocuklarına bakamadıklarını, hırsızlık yaparken yakalandıklarını vs. her yerde görüyoruz.

Sen anandan da mı bir şey öğrenmedin yoksa? Ah, şekerim, yoksa sen de mi ev işi için ücret talep eden kadınlar cephesindensin? Çok daha önemli giderleri karşılayamadığı ortada olan devlet bir de bu ıvır zıvıra para ödeseydi halimiz nice olurdu. Efendim, ne diyorsun? Çocuklar geleceğin vergi mükellefleri mi? Peki, bunun sana da yararı yok mu sanki? Nasıl, ev kadını olarak emeklilik hakkın yok mu? İhtiyacın da yok. Eğer aklıbaşında davranırsan kocan seni terk etmez, sen de onun emekli maaşını paylaşırsın. Ya da kocandan cep harçlığı alırsın. Bu da yeter. Zaten insanın yaşlılıkta o kadar çok şeye ihtiyacı olmuyor. Hem şimdi haksızlık etme. Devlet bir yıl boyunca çocuk parası ödüyor. Sonraki 17 yıl, üniversite okursa 26 yılı mı soruyorsun? Bu da ne demek oluyor yine! Eğer kocan iyi bir sigorta yaptırmışsa nasılsa güvencedesiniz demektir. Sen kendini fazla riske atmamaya bak yeter, her şeye hep böyle katı bakmak ve durmadan yakınmak zorunda değilsin ya. Çünkü geçimin en iyi şekilde evlilikte sağlanır elbette, o halde yapabildiğin kadar kocanı elinde tut. Boşanmaya değindiğin için söylüyorum: Bu kadar da arsız olma. Yeni boşanma hukuku erkeklere karşı oldukça sert. Yani iyi düşün, kavgacı tutumunla evliliği yıkıma götüren sen misin. Sen o kadar huysuz ve dikkafalı olmasaydın birbirinizi pekala da idare edemez miydiniz. Aslına bakarsan o kadar yüksek bir nafaka istemeye hiç hakkın yoktu. Zavallı kocanı düşün. Ona ne kalacak şimdi, hem de kız arkadaşıyla birlikte? Sadece çocuklar için değil, bir de geçim için nafaka istersen adamcağızın hayat boyu yüzü gülmez.

Tanıdığım bir kadın var. Düşünsene, daha nikâh kıyarken kendini mali açıdan garantiye aldı. Böyle bir şey bence çok yakışıksız! Sonra da kalkıp buna sevgi diyorlar. Daha evlenirken boşanmayı düşünmek! Ama işte günümüzde bazı kadınlar böyle. Gözlerini hırs bürümüş. Kadınlar kırkından sonra da bir şeyler öğrenebilir - elbette, başlangıçta fazla bir ücret ummamaları gerekir-. Kendilerini biraz kısıtlamak zorunda kalacaklar tabii. Ama durmadan çalışan bir erkeğin sonradan karısına tahammül etme durumuna gelmesi de şart değil. Kadın arkadaşlarına şöyle bir sor: kocasının son pantolon düğmesine kadar her şeyini elinden alan bir kadın tanıyorlardır. İtici. Ben de her işi para karşılığı yapan ya da bir tür değiş tokuş öneren yeterince kadın tanıyorum. Onlara: "Haftada üç gün kendi çocuğunla birlikte benim kızıma da bakar mısın?" diye sorsan hemen şu soruyu yapıştırırlar: "Kaç para vereceksin?" Kocaları/erkek arkadaşları çamaşırlarını kendisininkilerle birlikte yıkamasını rica ederler ve günde bir öğün yemeğe gelirler ve bu kadınlar karşılığında hemen para talep ederler.

Lina Wertmüller'in bir filminde -filmlerini izlemene gerek olmayan şu bağımsızlığını ele almış kadın sinemacılardan biri- sevimli bir Sicilyalı işçi kız arkadaşına kendisiyle evlenmek isteyip istemediğini sorar. Bu çok ince ve dokunaklı bir sahnedir. Kadın ne söyler? Seninle niye evleneyim ki? Şimdi yıkadığım her parça çamaşırın için 50 fenik alıyorum, sonra herhalde bedavaya yıkamak zorunda kalacağım.

Şükür ki bu tavır bizde kendini kabul ettiremedi. Bizim burada kadınlar, bir taneciklerinin yemeğini pişirip çamaşırını yıkadıklarında bunun sevgiden olduğunu hâlâ biliyorlar. Böyle bir şeyde kimse para düşünmez. Ayrıca onun sevdiği bonfileyi alacak durumda olmadığını itiraf etmek de çok acıdır. Kadın arkadaşından borç almayı tercih edersin, o nasılsa anlar.

Her işte, her çağrıda, düpedüz her şeyde, hemen bunun parasal olarak ne getireceğini soran kadınları sen de tanımaz mısın? Küçücük bir idealizm kıvılcımı bile yok. Ne işin anlamı ne de coşkusu önemlidir. Her şey paranın etrafında döner. Yol parası ne tutuyor? Kalacak yerin parasını ödeyecekler mi? Saat ücreti verilecek mi? vb.

Biraz da başka şeylerden konuşabilir miyiz? Para gerçekten de midemi bulandırıyor. Hadi, bu konuyu bırakalım. Bana yarın öğleden sonraki çocuk eğlencesini organize etmek için yardım et, bu daha önemli. Yemekleri anneler getirecek, içecekleri de satacağız, böylece çocuk yuvası için biraz para toplamış olacağız. Devletten yardım mı? Devlet bunun için niye para ödesin ki? Bu tamamen özel bir sorun. Biz çocuklarla birlikte eğleniyoruz ve yuva için para sağlıyoruz. Bu parayla sonra odaları badana edebiliriz.

Seninle böyle bir şeyi tartışamayacağımızı görüyorum. Senin gözün paradan başka bir şey görmüyor. Durmadan paradan, çalışma saatlerinden, malzeme tüketiminden söz ediyorsun. Korkunç. Materyalist misin yoksa? Efendim? Material, Mater*'den, Mutter**'den mi geliyor?

Vergi iadesi formlarını doldursam ne olacak? Belki birkaç mark vergi iadesi alacağım. Ben bunu yapamam. Bu işlerden anlamıyorum. Devlete hediye etmek ne demek? Devletin, kadınların fazla ödedikleri vergileri geri istemeyecek kadar tembel ve aptal olduklarının hesabını yaptığını nasıl düşünebilirsin?

İşi ispritizma olan bir kadın tanıyorum, bunun ne olduğunu biliyorsun değil mi? Yani kendisini enerjilerine yoğunlaştırıyor, doğayla temasa geçiyor ve böyle şeyler. Tamam, biliyorsun! Doğa ile iyi bir teması olmasının bu kadın için kutsal bir anlamı olduğunu düşünür insan değil mi? Sen öyle san! Ne yapıyor, biliyor musun? Kartalları çağırıyor. 100 marklık banknotları. Kartallı banknotları çağırdığı ritüeller düzenliyor! Akşamları parasını içine koyup sabahları tekrar aldığı bir para çoğaltma çanağı var. Bu paraları ailesinin ölmüş kadınları adına koyduğunu, onların da bir şekilde zaman gelince bunları çoğalttığını iddia ediyor. Ne dediğini biliyor musun? Paranın bir değişim cevheri olduğunu ve kadınların değişimden anladığını söylüyor. Ayrıca, kadınlar iletişime açıkmışlar, ihtiyaçlarını iyi formüle ediyorlarmış ve bu nedenle kartalları kadınlar çağırırsa bu iş iyi tutarmış. Banknotlar üzerinde sadece yaşlı adam resimleri olduğu için Avusturya'da para çağırmanın zor olduğunu söylüyor, yaşlı adamları kim çağırmak ister ki! Hatta kehanette bile bulunuyor ve sonra borsada oynuyor! Yani bu ispritizmacı kadınlar da artık eski bildiklerimizden değil.

Benim için şu elyazmasını kopya eder misin? Severek mi? Gerçekten çok iyisin. Paraya bu kadar az düşkün olman bana taze güç verdi. Yaklaşık 100 sayfa. Ne diyorsun? Senin için sorun değil, severek yaparsın, zaten şu sırada yapacağın pek bir şey yok. Güzel. Sonra senin için güzel bir şeyler düşünürüm. Belki bir masaj ya da benzer bir şey...?

---

* Mater: Latince anne. (ç.n.)

** Mutter: Almanca anne. (ç.n.)

10.

çözüm

1. şıkla ilgili birkaç düşüncem daha var. 5'le ilgili tavsiyeler. Bu işler yirmi yıldan bu yana aksamasız böyle yürüyor, kadınlar durmadan çalışıyorlar. Projeler hâlâ sürüp (ya da sürüklenip) gidiyorlar. Sorun yok. Üstelik şunun şurasında para da hayatta her şey değil.

11. test

Kendine boş bir gün yarattın ve kadın arkadaşınla birlikte değişik bir müzeyi gezeceğiniz, ardından şehirde dolaşıp, akşam da çok beğendiğin bir yazarın okuma toplantısına gideceğiniz için şimdiden seviniyorsun. O sırada çocuğun dizini çarpıp kanatıyor ve çok canı yanıyor, aynı anda baban telefon ediyor ve onu almanı/ona bakmanı istiyor. Ne yaparsın?

1. Bütün programını bir yana bırakırsın, çocuğuna bakar, onunla birlikte babana gider, sızlanmalarını dinlersin. Büyük bir hayal kırıklığı içindesindir, ama kimse de seni suçlayamaz.

2. Bir arkadaşından/kız kardeşinden/daha büyük bir çocuktan seninkine gözkulak olmasını rica edersin, onlara bir de vanilyalı pudding pişirirsin, gözleri yuvalarından uğrayana kadar televizyon seyretmelerine izin verirsin, sonra babanın komşusu kadını ararsın, mümkünse arada bir babana göz atmasını istersin.
   Sonra arkadaşınla şehre gidersin, ama vicdanın rahat değildir.

3. 2.'deki gibi. Sonra arkadaşınla şehre gidersin ve hayatının en güzel saatlerini geçirirsin.

4. Çocuğunun ve babanın bakımını mükemmel bir şekilde organize edersin ve dışarıda geçirdiğin güzel bir günden sonra herkesten, ne kadar kalpsiz bir insan olduğuna dair suçlamalar dinlersin.

5. 4.'deki gibi. Ama sen şunu dersin: Niçin kalkıp da erkek kardeşimi/kocamı aramadınız ya da onları suçlamıyorsunuz. Bu dünyada her şeyden sorumlu olan tek insan ben miyim?

6. Çocuğunun bakımını yaptıktan sonra onu arkadaşlarına gönderirsin, güzel bir gün geçirirsin ve babana da, son geçirdiğin ağır grip sırasında kendisi gayet sağlıklı olduğu ve bütün gün yapacak hiçbir işi olmadığı halde gelip senin evinin işlerini halletmemiş olduğunu hatırlatırsın.

11. bölüm

Vicdan rahatsızlıklarını ve suçluluk duygularını özenle koru. Bunlarla baştan, daha çocuklukta tanışmış olmak en iyisidir, çünkü annelerin kızlarına gün be gün aktardıkları şeyler yerine tam oturur.

Bir halk atasözü "Rahat bir vicdan en rahat yastıktır," der. Belirtilmeyen, bir kadının nasıl rahat bir vicdana sahip olacağıdır. Bu insanlığın en son sırlarından biri çünkü.

Kızım daha küçükken, ne zaman evden çıksam çalışmaya gittiğimi öne sürerdim. Bunu uygun buluyordum, çünkü sonuçta geçimimizi sağlamak zorunda olan bendim. "Annem işte", Walli için standart bir cümleydi. Yani, sinemaya ya da arkadaşlarla yemeğe gittiğimde de, işe gittiğimi söylüyordum. Bu durumda vicdanım elbette rahat olmuyordu. Ve aslında vicdanım rahat olmadığı için işe gittiğimi söylüyordum. Eğlenmek istiyordum ve bu yüzden -kötü anne!- çocuğumu bir bakıcıya/kız kardeşime/anneme bırakıyordum. Dikkatinizi çekerim, hiçbir zaman yalnız kalmıyordu. Ama buna rağmen vicdanım rahat değildi.

Sonraları vicdan rahatsızlığı nedeniyle yalan söylediğim için vicdanım rahatsız olmaya başladı. Suçluluk duygusu rezilliğinin sona erebilmesi için günün birinde kızıma açıklamak zorunda olduğum çok çetrefil bir durumdu bu.

Bir kadının içine suçluluk duyguları salmak zor değildir. Kötü anne olarak kabul edilmen için hiç de çocuğunu duvara çarpman gerekmez. Gerçi sen aşırı çalıştığında, teklemeye başladığında, aşırı yıprandığında ve kuvvetin tükendiğinde kimse anlayış göstermez. Ama kesinlikle, hepsi her şeyi daha iyi bilir. Annelerin neleri yanlış yaptığı hakkında sayısız araştırma vardır, kötü ve yetersiz annelere ilişkin hikâyelerin sonu gelmez. Her budala, bir kadını istediği gibi eleştirebilir. Fakat hiçbir yerde bir kadının üzerindeki yükü almak için, karşılıksız olarak tabii, öneriler okumuyorum. Çocukla ilgili bir sorun mu var, garanti kadın suçludur, sonuçta çocuğun canına okuyan o değil mi? Bunlar hepimizin içine çok derinden işlemiştir, bu nedenle sürekli bir şeyleri yanlış yapma ya da gerçek, vahşi ve utanmasız duygularımızı açığa vurma korkusunu duyarız. O zaman -bizce de haklı olarak- insan/kadın olarak niteliklerimizden kuşkuya düşerler, bu bizi alçaltır ve acı verir. O halde soylu annelik bayrağını düşürmeyelim ve dişimizi sıkalım. Şu ya da bu şekilde kendimizi kurban ediyoruz. Çocuğu olan zaten iyice yağmalanmış demektir, çocuğun yanı sıra bir de kocası olan kadınların çoğu ise "Fazladan bir çocuk daha," diyorlar. Sırf bu da değil. Sürekli rahatsız vicdanın için teşvik enerjisi de bulursun.

Falanca işi niye halletmedin? Zaten bütün gün evde oturuyorsun! Çocuklar nerede? Efendim, bilmiyorum, ne demek?!! Çocukları okula böyle mi gönderiyorsun? Hiç gömleğim kalmamış, hâlâ yıkamadın mı? Sen bütün gün ne yapıyorsun? vb.

Etkin güçler karşısında çok duyarlı tepki verdiğin bilinen reklam sektörü de bu mekanizmayla çalışır: Sihirli maddesi bile eksik olmayan bir bulaşık deterjanı vardır. Kadının rahatsız vicdanı onun "iyi yarısı" olarak ikiz görüntüsünün içinden çıkarak kadına ailesi için her şeyi yapmadığını söyleyerek suçlamalarda bulunur. Daha başka pek çok üründe de, çok etkileyici olan bu reklam metodu kullanılmıştır. Bir kadının suçluluk duygularına hitap etmek hiçbir zaman etkisiz kalmaz.

Burada büyük rol oynayan bir diğer nokta da, kadınların zaten kendilerini gerçekleştirme, kendi alanlarını, bağımsız yaşam ve keyif duygularını geliştirme hakkına sahip olmadıkları hissini yaşamalarıdır. Ama aynı zamanda, kadınların kendilerini her şeyden sorumlu hissetmeleri, her türlü tersliği, her kötü ortamı kendilerinden bilmeleri ve sonra da durumu yine de tahammül edilebilir kılmak için bin bir bahane aramaları da etkendir. Böylesine bir duygular ve hayal kırıklıkları çemberi içinde sadece tek bir şey gelişebilir: Suçlama.

Eğer ben kendimi feda ediyorsam, karşılığında payelendirilmek isterim. Eskilerde hâlâ bir annelik çelengi vardı. Ama bugün ne kaldı ki? Sıcak bir el sıkışı bile yok, aksine. Kadınların anne olarak, aileden sorumlu olarak, erkeğin bakımıyla yükümlü olarak nasıl başarısız olduklarına dair her yandan suçlamalar. Temelinde bu, hiç kimsenin gönüllü olarak üstlenmeyeceği bir meslektir: bir yığın ağır iş ve sorumluluk, fazla mesai, gece çalışmak, üstüne bir de suçlamalar ve her şeyi ücretsiz yapmak. Ücret niye zaten. Bu bir iş sayılmaz ki.

Doğada, illa ki bu duruma düşmeyi kadınlar için çekici hale getiren bir gözboyama olmalı. Belki de çok az kadının satranç oynaması ve bir hamle yaptılar mı bir sonrakini hesaplayamamaları -örneğin evlenmek ve çocuk yapmak gibi- bu yüzdendir.

Ama nasılsa bir şey değişmeyeceğinden iyisi mi sen, yaşamını bu suçlama -suçluluk duygusu-vicdan rahatsızlığı-hayal kırıklığı-öfke-ağlama krizi tuzağında geçireceğin düşüncesiyle uzlaş. Yaptıklarının karşılığını almayacaksın! Hataların abartılacak! Duyguların dikkate alınmayacak! Girişimlerin gülünç! Tam anlamıyla yetersizsin! Bakan, seven, koruyan anne, eş, kız kardeş, kız çocuk olarak görevlerine yetişemiyorsun.

Böylece de suçlanma ve stresten başka bir şey de hak etmiyorsun.

Şunu da düşün ki, kendini kötü hissettiğinde her zaman seni teselli edecek bir kadın arkadaşın var. Fakat için yaşama sevinciyle dolu ortalıkta dolanıp, bu zevkin için seninle dayanışma gösterecek, çocuklarına bakacak ya da ev işlerini halledecek birini arama cesaretini sakın gösterme. Zaten böyle bir şey sence çok kötü değil mi? Gazetelerde her gün okumuyor muyuz: Kadının biri kötü yola düşüyor, bir çocuğu var, ortalıkta sürtüyor, çocuğunu ihmal ediyor. Çocuğu öldürüyor. Bu insan toplumu için olabilecek en kötü şey. Bencilliği yüzünden çocuğunu yok eden bir anne. Suçlu olan, çocuklara yaşam şansı bırakmayan politika dünyası, çocukları daha çok erken yaşlarda şiddete alıştıran rekabet toplumu değil, çocuklarımızı en başından beri zehirleyen ekonomik yapı suçlu değil. Bunlar soyut, elle tutulur şeyler değil. Suçlu her zaman kadındır. Cherchez la femme*! Erkeğin kendi derdi başından aşkın, ayrıca

* Başbelası karı. (ç.n.)

bu onun görevi değil. O çalışıyor. Onun işi dışarıdaki büyük dünyayla, kadınınki evdeki küçük dünyayla. Bunu da inşallah başarır, zaten kimsenin ondan daha fazlasını da beklediği yok.

O halde görevlerini yerine getir. Çocuklarına teneffüslerde yemeleri için yaratıcı gücünü kullanarak sandviçler hazırla, para yetişmediği zaman giysilerini sen dik, kendini feda et, çünkü bu sana doyum getirecek: Bu sevimli, iyi eğitilmiş çocuklar seninkiler. Bunu sen başardın.

Efendim? Eve gelip, hiçbir zaman istedikleri şeyleri pişirmediğin için huysuzlanıyorlar mı? Onları günde beş kez arabayla istedikleri yerlere bırakmadığın için sende suçluluk duyguları mı uyandırıyorlar? Seni diğer annelerle karşılaştırıp dargörüşlü ve sığ mı buluyorlar? Hiçbir şeye izin vermediğini ve onları ara sıra akşam gittikleri yerlerden alamayacak kadar tembel mi olduğunu söylüyorlar? Oğlun, sen kendine bir pantolon aldığın için mi istediği yeni moda ceketi alacak para kalmadığını düşünüyor? Haftada üç akşam, bir kursa gitmek ya da bir şeyler yapmak istediğin için dışarıda mı oluyorsun? Ee, ne olacak şimdi!

Hayır, sen böyle biri değilsin. Sen kocan ve çocukların için her şeysin, arkadaşına bütün imkânlarınla yardım edersin, her zaman herkesin derdine koşarsın, hatta bu seni mutlu eder. Sen herkesin rahatça güvenebileceği kadınsın. Vicdanın hiçbir zaman rahatsız değil, çünkü başkalarının senden beklediği her şeyi yaparsın. Gerekli olan şeyleri önceden hissedersin. Bundan sık sık hayranlıkla söz ederler. Sen gerçekten harika, duyarlı ve fedakâr bir kadınsın.

Peki o zaman şimdi niye benim evimdesin ve gözyaşlarınla omzumu ıslatarak bana kocanın daha genç bir kadınla gittiğini ve artık evde yaptığın harika marmelatlara da hiç değer vermediğini anlatıyorsun? Çocuklar da mı evden ayrıldı? Ah, nankörler! Sana borçlu olduklarını, görevinden de fazlasını yaptığını düşünmüyorlar bile değil mi? İnce ayrıntılara dikkat bile etmediler ve sen onlara hangi tehlikeler altında doğum yaptığını, ne kadar zahmet ve özveriyle onları büyüttüğünü anlattığında sadece alayla güldüler. Eğer mutlaka çocuk istediysen kendi sorunun bu. Yapmasaydın! Ama onay bulman için buna ihtiyacın vardı. Hadi itiraf et: Biz olmasaydık hayatta ne yapacağını bile bilmeyecektin. Bir kere yanında olmasak hemen bocaladın. Saat onda evde olmamız gerekiyor da tam zamanında gelmediysek ya başımıza bir şey geldiyse diye hemen polisi aradın! Sen kendi başına yaşamıyorsun ki! Yaşatılıyorsun. Kendini yaşattırıyorsun. Ve bu yüzden sana müteşşekkir olmamız gerekiyor. Anne, gerçekçi ol. En iyisi sen Halk Yüksek Okulları'ndaki özdeneyim kurslarından birine yazıl. Ama çarşamba gününe denk gelmesin, çarşambaları çocuğa bakman için sana ihtiyacımız var.

11.

çözüm

Birinci şıkkı seçmende yarar var. Daha ne olacak.

Eğer mükemmelse, altında zahmet ve emek yatıyordur, İncil'de böyle der. "İsa bizim bütün günahlarımızı zaten üstlendi", gibi bir saçmalığı unut, kadınlarınkini değildir mutlaka, bundan emin olabilirsin.

12.

test

Evde yalnızsın, bütün ışıkları söndürdün ve tam uyumak üzere olduğun sırada perdenin arkasında ya da başka bir yerde bir hareket/bir gölge hissettin. Ne yaparsın?

1. Benzer şeyler gördüğün bütün televizyon filmleri aklına gelir ve cıyak cıyak bağırırsın: "Hayır, hayır, lütfen yapma, hayır, hayır..."

2. Işığı açar ne olduğuna bakarsın.

3. Karanlıkta gölgeye mümkün olduğu kadar yaklaşır ve onu korkutursun/saldırırsın/bir tane indirirsin.

4. "Hey, kim var orada", diye bağırırsın.

5. Sessizce hareket etmeye uzun zamandır antrenmanlısındır ve kendi bedenini ezbere tanıyorsundur. Şöyle düşünürsün: Wen-Do kursunda öğrendiğimiz bütün o eğlenceli numaraları deneyecek bir fırsat çıktı nihayet.

6. Şöyle dersin: Hadi çık ortaya-

yanında oyun kâğıdı var mı?

7. Şöyle düşünürsün: Ne zaman çok yorgun olsam ve uyumaya kalksam hayvanın biri uykumu mutlaka engellemeye çalışır, arkanı döner ve uykuya dalarsın.

8. Şöyle dersin: Şimdi olmaz. Ve trans haline geçersin.

12. bölüm

Korku. Dünya timsahlarla dolu koskoca bir havuzdur. Dehşet fantezileri kurarak korkunu besle. Daha geçenlerde yolda arabasıyla giden birinin üzerine bir uçak düşerek ölümüne sebep oldu. Bu kadar olur!

Eskiden çok popüler olan Bavyeralı bir politikacı bir keresinde şöyle demişti: İnsanları korkutmak gerekir. Onları ancak böyle gerçek anlamda manipüle edebilirsiniz. Korku içinde olan kişi net kararlar alamaz, sürekli kaçış halindedir. İnsanın gizliden gizliye en çok korktuğu şey başına gelebilir pekala. Senin korkularını tanıyan, seni avucuna almış demektir. Bedende çok tuhaf şeyler oluşur: Korku her yana o kadar hızlı yayılır ki, başka hiçbir duruma yer bırakmaz. Bir şok durumunda ancak hayati organlara kan gider, eller ve ayaklar buz gibi olur, kan dolaşımı yetersizliği nedeniyle düşünmek ya hiç mümkün değildir, ya da kapasite yok denecek kadar düşer. Soluk almak zorlaşır, adaleler kasılır.

Eğer kendinde düşünme ve davranma eylemini engellemek istiyorsan bu durumu suni olarak yaratabilirsin: Dehşet verici bir olay tasavvur et. Korku görüntülerinin "Kırmızı Başlıklı Kız"da takılıp kalmaması için, konuya uygun video filmleri de kiralayabilirsin. En dehşet verici görüntüleri gayet sağlam bir şekilde içinde kaydetmelisin ki, bunları her an yeniden çağırabilirsin: balkon kapısından gelen katil, camı kıran tecavüzcü, hareket eden bir perde ve altından görünen bir ayakkabı...

Bu görüntüler kuşkusuz sadece geceleri ve uykuya dalış sırasında uygundur. Gündüzleri fantezini biraz daha fazla zorlamalısın. Örneğin diş doktorundan çok uzun vadeli randevular alarak ve her gün bunun ne kadar dehşet verici olduğunu kurarak dişçiden duyduğun korkuyu mümkün olduğunca büyüt. Kendini herhangi bir yerde tanıtman gerektiğinde, yeni bir işe başlarken ya da önünde herhangi bir zor durum varken, en korkunç hataları yapacağını kur, üzerine basıp kayman olasılığı bulunan her yağ damlacığını iyice abart ve lütfen bir şeyi unutma: Yeterince uzun bir süre kurduğun her şey, gerçekleşmek için iyi bir şansa sahiptir. Kurduğun şeylerin içine girmeye, onları yansıtmaya, çağırmaya başlarsın. Geceleri bir yere yalnız gitmen gerektiğinde mümkün olduğunca sık sağına soluna bak ve sürekli birinin peşinden geldiğini hayal et, daha hızlı geliyor, daha da hızlanıyor ve şimdi hemen yanıbaşında... Aptalca mı? Öyle mi düşünüyorsun? Ben sana sadece nasıl yapılacağını anlatıyorum. Sürekli yaptığın bir şey olduğu için zaten biliyor musun? İşte!

Öğretmenim olan bir kadın bir keresinde bana şöyle demişti: Seni en fazla korkutan kötü ruhun seni ısırmasına izin vermelisin. Çünkü hiç kimse, kaçmakta olan birinin dayatmalarına kulak asmayacağından, korkunu ancak korktuğun şeyin karşısına dikilerek, aşabileceğine inanıyordu öğretmenim; üstelik bunun körü körüne tehlikeye atılmak olmadığını, aksine insanın kendi korkusunun karşısına çıkması anlamına geldiği düşüncesindeydi. Bu durumdan niçin bu kadar korkuyorum sanki? Başıma ne gelebilir ki!

Danimarka'da 11 yaşındaki bir kız, başkalarının en gözüpek rüyalarında dahi düşünemeyecekleri bir şeyi başardı. Kendisine tecavüze yeltenen bir adamı bir judo hamlesiyle yere devirdi. Kendi söylediğine bakılırsa hiçbir korku duymamış. Öylesine bir temel güvene sahipmiş. Ama biz burada kalkıp işe bu hikâyeyle başlamak istemiyoruz, yoksa fazla mistik gelecek. Bunu neyle temellendireceğiz? Sanki her gün kadınların saldırıya, tecavüze uğradığını, aldatıldığını, tüketildiğini yaşamıyoruz. İlkörnek durumların nasıl bir işlevi olması gerektiği üzerine bir tür ortak sözleşme vardır ve hepimiz bu sözleşmeye uyarız. Acımasız katiller, pezevenkler, dövüşenler, zavallı kadınlar, hepsi buna uyarlar. Bu örneğin çiğnenmesi çok şaşırtıcı olurdu mutlaka, örneğin eli bıçaklı bir adamın saldırısına uğrayan bir kadın. Kadın saldırgana hayretle bakıp kalıyor ve şunları söylüyor: "Bir dakika, siz solak mısınız? Ben bu hareketi öğrenmemiştim, önce düşünmem lazım." Saldırı sonuç getirmiyor, boşa gidiyor. Aynı, bir kadın arkadaşımın New York'ta başına geldiği gibi: Bir hırsız yolda karşısına dikilip *Give me your Handbag!*, diye bağırıyor, o ise sadece, *No!*, diyor.

Tabii böyle hikâyelere başlarsak, en acımasız saldırganın bile zayıf bir noktası olduğunu da tartışmak zorunda kalırız. Yalnız, sen bu işe ne diyorsun? Uzakdoğuyla ilgili bilgisi olan Zen ya da Tao hayranları için bu çok kolay: Gayet sakin bir şekilde, sana saldıran kişinin gözlerine bakacaksın, çünkü her şey gözlerde gizlidir. Kişinin her türlü niyetini gözlerinden okuyabilirsin ve sonra saldırganın kendi gücünü ona karşı kullanabilirsin. Yani onu kendi silahıyla vurabilirsin. Ama bunun için gözlerine bakman gerekiyor. Ve sanırım seni en çok korkutacak olan budur: ahlaksız gözlere bakmak ve pis niyetler okumak. Ama iyice bakarsan göreceksin ki, bu insanın da korkuları vardır. Ve sonra durum heyecanlı bir hal alır. Bir sonraki adımın bu korkularla oynamak olacaktır. Onun niyetlerini kendi gözlerinde yansıtıp adamı deli gibi korkutabilirsin. Çünkü bol bol atıp tutan insanların çoğu yarısını bile gerçekleştirebilecek durumda değildir. İşte senin şansın da burada. Fakat senin en büyük korkuların gündelik korkularken biz de kalkmış saldırılardan konuşuyoruz.

Araba kullanmaktan merdiven çıkmaya, büyük ve boş bir alanı yabancı insanların bakışları altında geçmekten akşam tek başına bir kafede oturmaya, ölümcül bir hastalıktan yalnız kalmaya kadar öylesine korkularla dolusun ki, bunlardan hiçbir zaman kurtulamayacağına inanmışsın. Bunu başarabilmen için sana şunları öneriyorum:

Kadın arkadaşlarınla mümkün olduğunca sık dehşet verici şeylerden konuş (bunun senin için pek sorun yaratacağını sanmıyorum, çünkü bunlar kadınlar arasında sevilen konulardır).

Her türlü durumda korkunç bir şeyler olabileceğini kur. Kazalar, cinayetler, ölümler, düşen uçaklar ve delilik üzerine her şeyi oku. Eğer zamanla bunların hepsi etkisini yitirirse, benim ailemde zaman zaman ortaya çıkan bir yöntem daha var: şu Üçüncü Dünya Savaşı denen şeyden korkmak. İlk atış şimdi duyulmadı mı? Dün gördüğümüz avcı uçaklarının sayısı daha az değil miydi? Gümrük görevlileri niye böyle tuhaf bakıyor? Yoksa sınırları mı kapatacaklar? Yeter ki korkular temelinde gerçek olsun. Eğer birkez fantezinde gelişmeye başlarlarsa gerçeklik zeminini de rahatça terk edebilirler ve bir an gelir etkilerini yitirirler, sen ne yaparsın o zaman, ha, korkuların olmadan..?

12.

çözüm

Şöyle bir olasılığa ne dersin: Eve giden adam kısık, boğuk bir gülüş duyar, ses öylesine uğursuzdur ki, adamın damarlarındaki kan donar. Bir hava akımının arkasında saklandığı perdeyi hareket ettirdiğini hisseder ve birden aklından şu geçer: "Kadın ayaklarımı gördü."

Yine o boğuk kahkaha duyulur, bu seste çılgınca bir şey vardır. Adamdan ter boşanır...

(Devamı var)

13.

test

Radyoda Pasifik üzerinde bir atom bombası patladığını duyarsın. Aynı haber bülteninde Hindistan'da meydana gelen bir kimya felaketinin yüzlerce can aldığını ve İngiltere'de bir demiryolu kazası sonucu seksen kişiden fazla ölü olduğunu duyarsın. Tesadüfen tam da o gün tatile çıkacaksındır. Ne yaparsın?

1. Depresyona girer ve tatilden vazgeçmeye karar verirsin.
2. Kendi kendine artık vakit geldi der, İncil'i kapar ve dua etmeye başlarsın.
3. Annene/kadın arkadaşına telefon edersin, tam bir paranoyaya girip bütün tatil hevesi ya da diğer şeyler uçup gidene kadar konuşursunuz.
4. Gayet soğukkanlı biçimde, bu ataerkil bokluğun sonunun zaten başka türlü olamayacağını, bunu önceden gördüğünü düşünüp planladığın gibi tatile çıkarsın.
5. Felaketlerden biri ya da her üçü için yardım komitesi kurarsın.

6. Yardım için gönüllü olarak Kızılhaç'a yazılırsın.

7. Bir atom endüstrisinin veya söz konusu kimya tröstünün yönetim binasına bomba atarsın.

8. Bir seyahat bürosuna gider ve haritada bütün kötü etkilerden ve radyasyondan nerede en uzak olabileceğini hesaplar, ayrıca söz konusu bölgelerden gelen malları satın almamaya başlarsın.

9. Ağlarsın ve ne yapacağını bilemezsin.

10. Ağlaya ağlaya tatile gidersin.

13.
bölüm

Dünyanın sefaleti! Sen kimsin ki, dünyada çocuklar açlıktan ölürken küçük bir butik açacak ya da tatile çıkacaksın.

Buraya kadar dayandın, artık tam bir yenilginin, tümüyle boyun eğişin yolunu kesen tehlikeler hakkında bilgi sahibisin. Biliyorsun ki, sonunda tamamen aklın başında, etrafında olan biten her şeye açık ve sorumluluğu kendine ait olarak güvensiz ve korunmasız ortada kalmak istemiyorsan, kendine değer verme, dürüstlük, açıklık, cesaret, istek duyma isteği, özgüven, özgüç gibi şeylerin oluşumuna daha başından kesinlikle izin vermemelisin. Belki de bütün bu değindiğin noktaların benim için lafı bile olmaz diyen ve kendi hayatını yaşamakta ısrar eden iyice pişkin birisin. Bu durumda sana üzerinde düşünmek gereken şu son ve belki de en önemli noktayı belirteyim:

Refah seviyesi -yani seninki de- üçüncü dünya ülkelerinin sömürülmesine bağlı olan bir kapitalist sanayi toplumunun üyesisin. Son ilksel kavimlerin kökünün kazınmasından, son büyük ormanların tüketilmesinden, eski gelenek ve göreneklerin yok olmasından, üçüncü dünya dedikleri ülkelerdeki açlık ve sefaletten sen de sorumlusun.

Bu dünyanın pek çok ülkesinde insanlara işkence edilmesini ve öldürülmelerini -ihtimal bilmeden- kabulleniyorsun. Bu dünyadaki sefalete, acılara, haksızlıklara karşı bir şey yapmadığın ortada.

Bu noktanın en önemli nokta olduğunu sen de kabul edeceksin. Bana karşı getireceğin nasıl bir argümanın var? Kadınların bu dünyanın zencileri olduğunu mu söyleyeceksin. Yüzlerce, binlerce yıl süren babaerkil egemenlik boyunca kadınların haklarının elinden alındığını, kısıtlandıklarını, güçsüz bırakıldıklarını, eziyet, işkence gördüklerini, yakıldıklarını, sakatlandıklarını, güçlerini ve yeteneklerini geliştirmelerinin engellendiğini ve anlamsız etkinliklere zorlandıklarını mı söyleyeceksin? Kilisenin iki yüzyıl boyunca yakıp varlıklarına el koyduğu dokuz milyon "cadı"yı mı öne süreceksin? Kadınların durumunun bugüne değin ne kadar eşitsiz, ne kadar zayıf, ne kadar haksızca olduğunu, ne kadar güçsüz bırakıldıklarını ve başkalarını kurtarmadan önce acil olarak kendi durumumuzla uğraşmamız gerektiğini mi söyleyeceksin? Daha kendi hayatımız üzerinde bile hakkımız olmadığını, kendi çocuklarımız konusunda bile belirleyici olamadığımızı ve iplerimizi hâlâ bizim hayatımızdan haberi dahi olmayan erkeklerin çektiğini mi söyleyeceksin? Bana belki de insan kendisi boğulurken bir başkasını kurtarmaya çalışmanın saçma olduğunu söyleyeceksin? Ya da her tekil iyileşmenin aynı zamanda tüm evrenin iyileşmesi anlamına da geldiğini ve içimizden her birinin kendi durumunu düzelterek böylece tüm sömürülenlerin, güçsüz bırakılanların, işkence ve acı çekenlerin durumunun düzelmesini de sağlayacağını mı söyleyeceksin? Senin mutluluğun başkalarına da yansır mı diyeceksin? Mutluluğu göze alması için en yakınındaki kadına cesaret ver mi diyeceksin? Öyle kolayca bunları mı söylüyorsun?

Cancağızım, sen de zor bir lokmasın. Ave Maria ve Babamız dualarını daha fazla oku, daha da iyisi bütün babaerkil dünya dinlerine seni aydınlatmaları için yalvar, hizmet ve fedakârlık yollarını ara, çünkü sen temelden kötüsün. İnan bana. Bütün gazeteleri al ve her gün, bakkala gidip ekmeğini alacak gücün kalmayacak derecede felçleşene kadar şu dünyada yaşanan acıları hatırla. Söylediklerimin mümkün olmayacağını sanma, ben bu yöntemle kahvaltı etmekten vazgeçmiş çok kadın tanıyorum.

Senin beden gücün, cesaretin, benlik bağımsızlığın ve fikirlerin giderek azalırken, her gün bu durumların sorumluluğunu taşıması gerekenler ise bunları sorun etmezler. Hiç olmazsa kadınların böyle ince duyarlılığa sahip olmaları iyi, bu onları vicdan rahatsızlığından kurtarıyor.

Barış söz konusu oldu mu kadınlar evdeki barıştan söz ederler ve / sonra da kendi haklarını kabul ettirmek için mücadele etmekten vazgeçerler.

Çevre kirlenmesi söz konusu oldu mu, anneler çocuklarını sokağa bir cikletin kağıdını attı diye mahvederler - oysa yanıbaşlarında Çernobil'ler ve Cattenom'ler pisliklerini dünyaya boşaltmaktadır.

Aslolan vicdanımızın rahatsız olmasıdır. Aslolan, bizim neden olduğumuz en küçük kiri bile yeryüzünden silene kadar kazımamızdır; böylece atık tankerlerine bol bol iş çıkar.

Bırakın, dünya hükümetleri sadece üçüncü dünya ülkelerine, bu yoksul ülkelerin bedelini son paralarıyla hem de peşin ödedikleri silahları satsınlar - bizler dur durak bilmeden Afrika ve Asya'ya göndermek için gözlükler, eski elbiseler, bayat ekmek toplayalım. Ah, bu dünyanın sefaleti, cesaretini yitirme, ben çocuklarımın son iki yıllık cep harçlığına kıyıp yola çıktım bile!

Afrika'da çocuklar açlıktan ölürken, Beyrut'ta sivil halk kurşunlanırken, Güney Amerika'da uyuşturucu mafyası savaş sürdürürken ben sakin sakin İtalya ya da Yunanistan'da güneşlenecek değilim ya. Cephenin en önünde olmak istiyorum. Alın beni, amaçlarım uğruna savaşırım ve ölürüm. Amaçlarım uğruna yaşamayı ne yazık ki unuttum. Önemli değil. Kadınların amaçları hakkında kim ne biliyor ki.

Karşı çıkma! Eğer şimdi karşı çıkarsan uzmanların alanına ihanette bulunmuş olursun. Dünyanın ve dünya üzerinde uçan kaçan her şeyin nasıl kurtarılacağına onlar karar verdi. Bu arada onları ilk planda ilgilendiren tabii ki *bizzat kendileriydi.* Basının ve medyanın etkisini kullanarak sahneye çıkarlar, kongrelerde dünyanın kurtarılması için çağrılar yaparlar ve işbölümünü belirlerler. Böyle bir durumu hatırlıyorum. Ben de oradaydım. Avrupa'nın kızıştığı '68 yılı. Yol göstericilerin izinden gidiyorduk, çünkü kendimiz planlama konumunda değildik. Sürekli tutuklanıyor, coplanıyor, gözyaşartıcı gazları suratıma yiyordum. Her şeyi kesinlikle doğru bilen yoldaşların yaptığı planlara uyarak dünyayı kurtarmaya kararlıydım. Hepsi de avucunu yaladı. Çoğu bugün düzen politikasının içinde ya da dindar oldular. Ama bu seni, erkeklerin akıllıca hazırlanmış yapılanma önerileri karşısında kendi huzursuzluklarına daha az önem vermekten alıkoymamalı. Çünkü onlar bilirler. Kongrelere, seminerlere, uluslararası dünya kurtarma şovlarına bir bak. Kimin sesi çıkıyor? Eh, o halde? Hem sen kimsin ki her şeyi daha iyi bileceksin? Görüyor musun! Sen ufaktan başla.

Tükeninceye kadar onursal işlerde çalış. Kendi yeteneklerini hiç kıskançlık duymadan daha büyük oluşumlarda erit, kendini gösterme, şan, şöhret arama, anlam ve tatmin arama. Sadece sana söyleneni yap. İnan bana, ONLAR her şeyin doğrusunu bilirler. Bencilliği bırak, benin yıkılması ilk planda gelir, çünkü bu seni toplum içinde diğerleriyle birlikte ileri gitmekten alıkoyar. Üstüne gitmekten. Gitmekten alıkoyar. Git!

13.

çözüm

1. Hemen en yakındaki çocukları/çevreyi/üçüncü dünyayı koruma derneğine git ve gözlerin kararına kadar çalış.

2. Tatil önerisi: Kudüs'e ağlama duvarına git.

3. Annene git ve ona mutfakta yardım et.

4. Benim önerim: Faro Adaları tam soğukkanlı kadınlara göredir.

5. Bir de şu çekici yolculuk olanakları var: Afrika sahilleri, Hindistan (dikkat, burada hastalık rizikosu yüksek, bilgi edin). Daha iyisi: Orta Amerika, burada yolculuğunu Belize ya da Jamaika'da bir deniz tatiliyle birleştirebilirsin.

6. Umarım sağlam bir belkemiğin vardır, o zaman yardım hizmetlerine katılmak senin için bir tür macera tatili olabilir, tabii seni kabul ederlerse.

7. Bu durumda tatil planlarına gerek kalmıyor. Kodeste iyi meditasyon yapılır.

8. Patagonya'ya gitmeni öneririm.

9. Bir hafta boyunca bir güzellik çiftliğinde kendini şımart.

10. Bu belki de rahatsız edilmeden İtalya'ya gidebileceğin tek durum. Rimelini iyice bulaştırmayı unutma. San Giminiano'da kadınların tatil yapabileceği bir manastır var.

İyi yolculuklar!

oyun

I. Sanırım birinciliği kazandın. İşte sertifikan, aslında hiç iyi hazırlanamadığını ve buna rağmen herkesi geçtiğini söylemeyi unutma.

II. Vallahi şimdi ne diyeceğimi ben de bilmiyorum... yoksa sen de mi? Şimdi ikimiz de çaresiziz. Birazcık daha öylece bekleyelim, nasılsa bir çözüm belirir. Hadi, taşını iade et.

III. Senin için gerçekten üzülüyorum. Bu kadar çabuk olabileceğini düşünmezdim. Bahse girerim ki en iyi doktorlarla konuşmuşsundur. Mezarını bile mi hazırlattın? Eh, o halde...

IV. Nerede kaldın? Hey, sen. Canımın içi, beni dinlemiyor bile. Böylesi bir oyunbozan. Hem nasıl da her zaman gülüyor, sanki bu dünyada gülünecek bir şey varmış gibi...

V. Sevgili oyunbozan! Seninle karşılıklı konuşabileceğimizi ummuştum, ama bu arada bir Japon manastırının mutfağında çalıştığını duydum. Sana bol saadet ve her şeyin yolunda gitmesini dilerim. Sen oyunumuzu başarıyla tamamladın. Sertifikan ilişikte. Yedi günlük Za-zen meditasyonunu tamamladığında ve ustaya üç hafta hizmet ettikten sonra lütfen benim oyun taşımı geri göndermeyi unutma. Teşekkürler.

Eğer bu kitabın içeriği sana hiçbir şey söylemediyse.

Tebrikler. İşte teselli armağanın, var olma hakkın bile olup olmadığı konusunda kuşkuya düştüğün zamanlar mırıldanacağın bir dua:

Ben benzersiz bir kişiliğim.
Yaratıcı enerjinin ürünü bir sanat eseriyim
Canlıyım
İstediğimi yapabilirim ve yaparım
Geri çekilmem, aksine:
Bir adım ileri geçerim
Çünkü sınırı geçme esnasında gücümü kırmak isteyenlere karşı direnirken gücümü hissediyorum
Ben benzersiz, harika bir insanım
Yaradılışın ürünü bütünsel bir sanat eseriyim
Bedenim benim tapınağımdır
Ruhum kainatın yaratıcı enerjisinden beslenir
Ben bir fırtınayım-beni kim tutabilir
Ben bir volkanım-beni kim durdurabilir
Ben tufanım-hiçbir mantıksal gerekçe bana işlemez
Ben heyelanım
Ben uyanan ve gelen dağım.

Aşağıdaki listedeki kitapları okumasan daha iyi olur:

- "Ünlü Erkeklerin Gölgesindeki Kadınlar"ı ve Valerie Solanas'ın "SCUM"unu okuma, zira bu kitaplar erkekler hakkında kötü bir imaj kazanmana katkıda bulunabilir.

- Benim yazdığım kitapları okuma, çok tahrik edici olsalar da - yoksa daha önce hiç aklına getirmediğin şeyleri yapmaya heveslenebilirsin.

- Heide Göttner-Abendroth'un "Danseden Tanrıça"sını okuma, yoksa kolayca bir zamanlar erkek egemenliğinden başka bir şeyler olduğu düşüncesine kapılabilirsin.

- Sylvia Plath, Virginia Woolf, Gertrude Stein okuma, özellikle de Stein'ın Renate Stendhal tarafından kaleme alınan biyografisine dokunma, çünkü bu kitap kadınlarla beraber bir yaşama heveslendiriyor ve biliyorsun ki bu oyunun kurallarına aykırı.

- Zelda Fitzgerald'ın, Alexandra David-Neel'in, Frida Kahlo ve Georgia O'Keeffe'nin, ayrıca Dorothy Parker ve Jane Bowles'un biyografilerini okuma ve şu nedenle okuma: bütün bu kadınların hayatlarının erkeğini bulduktan sonra kötü duruma düştükleri aklına gelebilir.

- Leonora Carrington'dan hiçbir şey okuma, özellikle de "Aşağısı"nı.

- Else Lasker Schüler'den hiçbir şey okuma, Keri Hulme'nin de "Günün Ayı Altında"sını okuma.

- Hayal kurmana neden olacak hiçbir şey, şiirler, hikâyeler okuma, aksi halde yaşamını değiştirme hayalleri kurmaya başlayabilirsin.

- Ve eğer Brenda Maddox'un hazırladığı "Nora" adlı Nora Joyce biyografisinin Almancası çıkarsa vebadan kaçar gibi kaç ondan, çünkü bu kitap sende dünyada daha görülmemiş bir kadın devrimi isteği uyandırabilir.

- Sana son olarak da Verena Stefan'ın "Derideğiştirmeler"ini artık okumamanı tavsiye ediyorum, çünkü bu kitap bir daha durdurulması mümkün görünmeyen bir çığ yuvarlanışının başlangıcıydı.

Evet. Ne yazık ki artık yazmaya devam edemeyeceğim, çünkü yarın çocuklar için yapılacak bir yaş günü için pasta ve kâğıt fenerler almalıyım...

Yazdığım güzel şeyler mi ne? Ah... ben... bir mektup yazıyorum... eee... şey... teyzeme...

Adam Şenel

OZMOS KRONOS

Dizi dışı kitaplar / Anlatı / 145 sayfa

Adam Şenel, sanki resmi ve gayri resmi iki hayatı olan bir şizofren...
Ozmos Kronos ise cansız araçların yerini canlıların aldığı bir düşgücü ülkesinde, amaç-araç ve etik sorununun irdelendiği bir ütopya...
Şenel, düşünce serüveninin bu noktasında bazı sorunların "çözümsüz" olduğunu, bazı sorunları "çözemeyeceğini", bazılarının ise aslında "sorun olmadıklarını" anlayarak her şeyin hesabını yapan insanların pek yanaşmadıkları çetin bir sorunu, "yaşamla hesaplaşmayı" tartışmaya girişiyor...
*Ozmos Kronos'*ta yaratmanın "özgürleştirici", yaratılmanın "tutsaklaştırıcı" yanlarına dikkat çekerek şöyle sorular soruyor: "Yaşadığımız kendi yaşamımız mı yoksa bize verilen rolü mü oynamaktayız?", "Yazgımızı kendimiz yazabilir miyiz?", "İnsan amaç mıdır araç mıdır?", "Amaç-araç ilişkisi nedir?"

Paul Watzlawick

MUTSUZLUK KILAVUZU

Dizi dışı kitaplar / 110 sayfa / 2. basım

Mutsuzluk Kılavuzu ağlayan ya da gülen bir gözle okunabilir. Her okur kendinden bir şeyler bulabilir. Pireyi deve yaparak gündelik hayatımızı nasıl katlanılmaz hale getirdiğimizi görebilir.

Ötekinin yenilgisinin benim zaferimi, onun yitirdiklerinin benim kazanımımı oluşturduğu bir oyun oynuyoruz bu dünyada. Yitirilenler ile kazanılanların toplamının sıfır olduğu bir oyun: Sıfır toplamlar oyunu...

Kendi yaşamımız kadar başkalarının da yaşamını cehenneme çevirmek için elimizden geleni hâlâ yapamadığımız duygusunu taşıyorsak Watzlawick'e teşekkür etmemiz gerekir. Zira, mutsuz olmak için müthiş bir yöntem öneriyor bize. Sonuç da garantili!..

Mutlu olma yolunu gösteren "saçma sapan" binlerce reçeteden bıktıysanız ve hayatınızda yeni bir "mutluluk oyununa" şiddetle ihtiyaç varsa *Mutsuzluk Kılavuzu* aradığınız kaynak.

"Geçtiğimiz günlerde çıkan *Mutsuzluk Kılavuzu* için ilginç, düşündürücü ve keyifli sıfatlarını bir arada kullanmak mümkün. Yayıncının güzel bir dizgiyle sunduğu 110 sayfalık kitap bir solukta keyifle okunabiliyor. (...) İsterseniz kolay ve keyifli, isterseniz zor ve düşündürücü bir kitap var elinizde."

Turgay Kurultay / Cumhuriyet Kitap